부처를
보려면
보는 놈을
보라

겸우 선사의 반야심경
부처를 보려면 보는 놈을 보라

초판 1쇄 발행 2013년 5월 20일

───
지은이 | 전재근
펴낸이 | 김예옥
펴낸곳 | 글을읽다

───
437-829 경기도 의왕시 포일동 83-1(2F)
등록 2005.11.10 제138-90-47183호
전화 031)422-2215, 팩스 031)426-2225
이메일 geuleul@hanmail.net

───
표지 디자인 | 이대일
본문 디자인 | 조진일
ⓒ 전재근, 2013

ISBN 978-89-93587-13-5 03220

*책값은 뒤표지에 표시되어 있습니다. 파본은 바꾸어 드립니다.

겸우 선사의 반야심경

부처를
보려면
보는 놈을
보라

글·그림 | 전재근

| 들어가는 글 |

 어느 날 한평생을 산속에서 도를 닦았다는 선승을 만나 그의 설법을 듣게 되었다. 그가 토해내는 말들은 내가 알고 있었던 불교의 내용과는 너무도 달라 놀라지 않을 수가 없었다. 선승의 이름은 겸우謙牛였다.
 그와 함께 도를 닦았던 스님들은 조계종의 종정도 되고 대사찰의 조실도 되어 많은 제자를 두었는데 그는 한 명의 상좌도 없었다. 학교 문턱에 들어가 보지도 못했다는 이 스님은 대학자도 하기 힘든 말들을 서슴없이 쏟아냈다.
 역대 조사인 마조, 덕산, 운문 스님 들을 형편없는 자라고 하는가 하면 불교의 핵심 경전인 『반야심경』이 잘못 번역되었다고 한다. 그뿐 아니라 부처님을 모시는 법당을 대웅전이라 부르는 것이 아주 잘못되었다며 바꿔야 한다고도 한다. 또 한국의 승려들이 화두를 갖고 도를 닦는 것도 병폐라고 비판한다.
 비록 말은 거칠지만 선승의 꾸밈없는 진솔한 삶과 그 속에서 비치는 심광心光을 느낄 수 있었다.

저자는 선사의 『반야심경』 설법을 여기에 옮겨 실었다. 한번 읽어보면 난해한 불교가 이렇게 쉬운 것이구나라고 느낄 것이다.

저자를 선사와 인연을 맺게 해주신 정무 대종사께 깊은 감사를 드린다. 또 이 책이 나오게 도와주신 공관 스님, 정재방 거사, 선덕행, 정기웅 교수님, 불심행, 글을읽다 출판사에 사의를 표한다.

이 책은 『보는 놈을 봐라』(초롱출판사)라는 책명으로 간행되었으나 절판이 되었다. 독자들의 요구에 일부 내용과 책의 이름을 바꾸어 다시 간행하게 되었다.

2013년 4월 저자

| 차례 |

들어가는 글 · 4

1. 견성의 의미 · 9

진정한 무소유 선승禪僧 10 | 안 가진 자의 용기 12 | 『반야심경』을 설하다 15 | 보는 놈을 보라 22

2. 겸우 선사의 우리말 『반야심경』· 51

우리말 『반야심경』 52 | 색과 공의 근본 문제 53 | 법계法界란 무엇인가 57 | 마음의 운동법칙 60 | 생로병사 64 | 겸우 선사의 우리말 『반야심경』 67

3. 겸우 선사의 구도행 · 69

겸우 선사는 어떤 분인가 70 | 농부의 출가 73 | 대밭 속에서 사흘 지낸 현우 75 | 죽으면 마음은 어떻게 되나? 78 | 탁발기도, 200일 80 | 결제와 해제가 따로 없다 83 | 적멸보궁에서의 정근 기도 86 | 오대산 서대, 4년 구도 87 | 오! 일념불기처를 보았다 89 | 견성했다는 도반 93 | 고요적적한 열반의 자리 94

4. 겸우 선사의 살림 · 97

생화장 연습 98 | 제주도에서의 보림 100 | 미래 고혼은 있는가? 103 | 겸우 선사의 활동 무대 105 | 이상한 아침 운력 107 | 점심 먹겠다는 생각 110 | 떡을 얻어먹는 방법 111 | 현실이 진리인가? 113 | 불교의 대의 115 | 대웅전, 대각전 116 | 닭소리, 목탁 소리 119 | 50년에 한 살 먹는 선사 120 | 나는 사리를 안 낸다 122

5. 선사가 말하는 견성의 길 · 127

"이렇게 하면 견성합니다" 128

6. 겸우 선사의 조사선祖師禪 비판 · 133

덕산德山 134 | 일원상一圓相 134 | 운문雲門 136 | 조주趙州 139 | 화두와 화두 타파 141 | 『금강경』 사구게에도 틀린 글자가 있어요 145 | 유정무정 개유불성有情無情皆有佛性의 참뜻 146 | 불수자성수연성不守自性隨緣性, '수守' 자가 틀렸어요 146 | 초발심시변정각初發心時便正覺을 잘못 알고 있어요 147 | 9세 10세 호상즉九世十世互相卽이 무슨 말인지 아시오? 148 | 수처작주 입처개진隨處作主入處皆眞은 위험한 말이다 150 | 청정상淸淨相, 잘못된 표현입니다 152 | 자연보호가 말이 됩니까? 153 | 무명을 깨달으면 곧 부처라니 155 | 겸우 선사의 게송 156

7. 있는 것과 없는 것 · 157

지식과 지혜 158 | 이름과 내용물 160 | 뿌리와 가지 163 | 이사무애理事無礙 165 | 보는 놈[見體] 167 | 여의고 보는 놈과 법상法相 167 | 나누어 보지 말라 169 | 꽃은 아름답다 171 | 인지과학과 수상행식受想行識 173 | 생각의 그물망 175 | 상相을 보는 자 176 | 불생불멸의 본심 178

나가는 글 · 182
부록 마하반야바라밀다심경 원문 및 한글풀이 · 186

1. 견성의 의미

"참선 따로 없어요. 보는 놈을 보는 것이 견성見性입니다.
50년을 산 사람이 50년 전 것을 생각해 보나, 바로 전 것을 생각해 보나
걸리는 시간은 같아요. 한 생각 퍼뜩 일으키면 보는 것 아닙니까?"

진정한 무소유 선승禪僧

나는 서울대학교 농대의 교수 불자회에서 총무 역할을 담당했었다. 총무의 일 중 하나는 고승들을 대학으로 초청하여 법회를 여는 것이다. 한 번은 정무 스님을 초빙하여 법문을 듣게 되었고 그 인연으로 자주 만나 뵈었다.

어느 날 정무 스님이 나를 보시면서 선지식을 만날 수 있도록 해 줄 터이니 석 달 후 9월 2일 암자로 들어오라고 하였고 나는 정해진 날에 이천 설봉산 영월암을 찾아갔다. 그날 대웅전에서 저녁 예불이 끝나자 정무 스님께서 나를 불러 선사께 3배의 예를 드리게 함으로써 선지식과의 첫 만남이 이루어졌다.

나는 오래 전 어느 선방 앞마당을 기웃거린 적이 있었다. 한 선승이 "여기는 아무나 드나드는 곳이 아닙니다"라고 해서 쫓겨난 적도 있다. 선방의 문고리만 만져도 죽어서 극락 간다는 말도 들었다. 그러니 내가 선지식과 만나게 되리라고는 생각지도 못했기에 나는 우선 기뻤다.

그런데 선승이란 어떤 분들인가? 세상 모두가 기를 쓰고 재물과 명성을 원한다. 이것만 있으면 인간의 욕구를 채울 수 있기 때문이다. 그런데 참으로 이상한 것은 버리지 못해서 안달하는 사람도 있다는 것이다. 출가한 스님들이 바로 그런 사람들이다. 스님의 삶은 부모와 가족을 버리는 데서 출발한다. 그리고 세속의 모든 인연을 끊고 인적이 끊긴 산속으로 들어간다.

그런데 선승들은 이러한 버림도 부족한지 계속해서 버려야 한다고 한다. 무엇을 더 버리라는 것인가? 마음속에 숨어있는 무형의 소유마저도 버리라는 것이다. 그래서 선승의 삶을 무소유의 삶이라 하는 것이다.

그런데 내가 만난 겸우 스님을 보면 무소유란 말을 되씹어보게 만든다. 그는 모든 것을 버리고 철저히 무소유의 삶을 살고 가셨다. 스님의 삶은 본래 무소유를 기본으로 하는 것인데 무엇이 대단한가 하겠지만 겸우 선사의 살아온 자취를 보면 무소유의 절대적 기준이 있는 것은 아닌지 생각하게 만든다.

많은 스님들이 무소유를 주장하면서도 실제로는 많이 갖고 있다. 예를 들자면 이런 것들이다. 큰절의 고승을 보면 그는 절에서 절대적 권위를 갖고 수많은 제자를 가졌다. 그리고 이러한 고승은 불교계에 엄청난 영향력을 미칠 수 있는 힘을 가졌다. 그렇다면 이 큰스님이 '나는 무소유의 삶을 산다'라고 할 수 있느냐 하는 것이다. 그는 이미 엄청난 소유를 누리며 사는 것이다.

잠시 겸우 선사의 무소유는 어떤 것인가 보기로 하자. 그는 가족을 버리고 스님이 되었다. 우리나라의 5대 보궁의 하나인 법흥사 주지를 지낸 적이 있다. 불교 정화운동 과정에서 무소유를 외치는 스님들이 종권 장악을 위해 처절히 싸우는 것을 경험하고는 조계종의 승적을 버렸다. 한 종단을 떠나면 다른 종단에 적을 담는 경우가 흔한데 그는 승적이란 것에 마음을 두지 않았다. 그래서 그는 한국의 어느 불교종단에도 승적이 없다. 참선을 하기 위해 화두를 탔으나 화두도 망상이라 하여 버렸다. 같이 수행하던 도반도 멀리하였으니 출세간(승려들의 세계)에서 맺은 인연도 버렸다. 자신이 터득한 것을 물려줄 상좌(제자)도 거부하였다.

큰스님이 되면 큰 불사를 일으켜 불교계의 원로로 적지 않은 영향력을 소유하는데 겸우 스님에게는 따르는 스님이 보기 드무니 아무런 영향력도 없다. 고승은 죽어서 사리를 낸다는데 그는 "나는 사리를 안 낸다"하고 갔으니 남긴 것도 없다.

그가 버리지 않은 것이 있다면 부처님과 부처님의 가르침, 부처님의 뜻을 바로 이어받은 육조 혜능 등 몇 분 조사의 가르침이 전부이다. 선사가 머물렀던 방에 남긴 유품이라고 할 만한 것은 승려의 신분을 상징하는 한 벌의 승복과 몇 권의 경전이었다.

안 가진 자의 용기

내가 겸우 선사와 마주앉아 그의 말씀을 듣게 된 것은 이천 영월암에서 첫 밤을 보낸 다음 날, 아침 공양이 끝나고 한 시간쯤 지나서였다. 이 자리에서 선사는 이렇게 말했다.

"나는 파사현정(破邪現正, 삿됨을 파하고 바른 길을 내보임)의 말을 하려고 합니다. 중국의 고승인 덕산, 임제, 마조는 물론 한국의 고승인 원효, 보우도 깨닫지 못하고 깨달은 척했어요. 종정을 지낸 효봉, 성철 스님은 형편없는 자들입니다"라며 맹렬히 비판하였다.

"석가모니가 언제 영웅이 되겠다고 출가했어요? 중생의 종노릇을 하고 갔는데 그런 성인을 모시는 곳을 '대웅전大雄殿'이란 이름을 붙였으니 잘못된 것입니다. 그뿐 아닙니다. 『금강경』의 제1 사구게가 잘못되었고 『반야심경』의 한글 번역이 불법을 망치고 있어요"라고 개탄하셨다.

영월암 대웅전에서 예불을 올리는 겸우 선사(우)와 정무 스님.

한국 불교에서 받들어 모시는 고승들을 난도질하는데 나는 참으로 놀라지 않을 수가 없었다. 아마 누구라도 이런 말을 듣게 되면 자신의 눈과 귀를 의심했을 것이다. 나와 같은 재가 불자들이 알고 믿어왔던 불교의 상식과는 너무도 거리가 먼 말들을 쏟아내셨다. 나는 한동안 어리둥절하여 적지 않은 의문을 품고 지냈다. 한참의 시일이 지나고 선사의 무소유의 삶을 알고 나서야, 진짜로 무소유로 사는 분만이 할 수 있는 용기임을 뒤늦게 알게 되었다.

그는 학교 문턱에도 들어가 본 적이 없는 무식한 농촌의 머슴 출신이라고 하는데 그가 토해내는 설법은 듣는 자의 마음을 파고 흔들어 항변해 보고자 하는 오기를 무력화시키는 힘이 있었다.

승적도 없고 무식한 선승의 삶이 나와는 무슨 상관인가 싶지만 중요한 것은 그의 가르침을 따르다 보니 내 마음의 세계를 들여다 볼 수 있게 되었다는 것이다. 나는 선사의 놀라운 가르침에 보답하기 위해서라도 그의 무소유 삶과 가르침을 세상에 알리고자 마음을 먹었다.

그래서 우선 그의 『반야심경』 설법의 일부를 소개해 보고자 한다. 선사의 설법 중에는 여러 조사와 고승들을 가차 없이 비판한 내용이 있어서 그들과 그들을 따르는 분들에게 누가 될 만한 점도 없지 않다. 그러나 수십 년 간 불교신자로서 생활해온 저자는 스님쯤 되면 이런 말에 서운하다거나 섭섭하다는 생각을 여의었을 것이라는 것을 잘 알고 있다. 그리고 상相을 떠난 자리에서 보면 큰 흠이 되지 않을 것이라는 생각이 들었다. 오히려 오늘날과 같이 혼탁한 시대에 근본을 고수하시는 청정한 한 스님이 우리 곁에 함께 살았다는 것만으로도 감사해야 할 것이다.

오히려 저자가 느끼는 부담은 다른 데 있다. 부처님 상 하나를 모시는 것도 어쩔 수 없어서 모신다는 스님, 설법하는 모습마저 사진에 담는 것을 용납지 않는 선사의 모습을 글로 바꾸어 책으로 펴내려 하니 공연히 상을 만들어 그 분의 뜻을 거스르는 것이 분명하여 송구스럽기 그지없다. 이는 선사의 모양 없는 여여如如한 마음을 글로 바꾸어 모양을 갖추도록 엮어 보려는 것이 얼마나 무식한 짓인가를 알면서도 선사께서 못 본 체해주시기를 바랄 뿐이다.

『반야심경』을 설하다 – 잃어버린 내 물건을 찾자

여기에 소개하는 겸우 선사의 『반야심경』 설법은 안성 석남사 대각전과 함양 이룸사에서 설한 내용을 저자가 녹취하여 편집한 것이다. 석남사에서는 대웅전大雄殿이란 말이 아주 잘못되었다며 현판을 내리게 하고 대각전大覺殿으로 바꿔 단 후에 설하였다.

겸우 선사가 법석에 오르자 정무 스님이 요령을 치며 설법을 청하셨다. 목탁 대신에 왜 요령을 흔든 것이냐고 나중에 정무 스님께 물었더니 모든 영가들도 함께 들으라는 것이라 하셨다. 우리 육신의 눈으로 확인된 대중 이외에도 눈에 안 보이는 많은 대중이 함께 있다는 말이 된다. 『화엄경』이나 『법화경』을 설할 때 시방국토로부터 온 수를 알 수 없는 많은 보살, 천인, 아수라 등 대중이 함께하였다는 표현들이 새롭게 스쳐갔다. 선사는 정좌를 하시고는 나지막한 소리로 입을 여셨다.

"가깝지도 않은 곳에 이렇게 오시느라 수고가 많으셨습니다. 여기 오신 목적은 누구한테서 무엇을 얻고자 하는 것이 아니라 잃어버린 자기 물건을 찾으려는 것입니다. 불교는 본래의 자기 물건을 찾아주려는 종교입니다. 각자가 자기 물건을 갖고도 자기 물건을 보지 못하는 것은 자기 눈을 갖고 자기 눈을 보지 못하는 것과 같습니다. 자기 눈을 갖고 자기 눈을 봅니까? 여기서 한 가지 예를 들어 보겠습니다.

달마 스님이 인도에서 중국으로 오신 것은 불법을 구하려는 것이 아니라 불법을 전하려 위법망구(爲法忘軀, 법을 위하여 몸을 버릴 각오)하신 것입니다. 소림굴에 들어가 9년을 혼자 지내며 걸식하셨으니 그 고통이 과연 어떠했겠습니까? 9년을 입을 다무시고 벽만 바라보고 앉아 계셨고, 밥을 얻으러 다닐 때는 발우를 내밀고는 말을 안 했어요. 그래서 그 지방 사람들은 그가 벙어리인 줄 알았어요. 혜가 스님이 달마 스님을 찾아가 법을 구하려고 했으나 만나주질 않았어요. 그래서 혜가는 밖에서 합장하고 달마 스님이 나올 때까지 그대로 서 있었어요.

달마 스님이 뒤를 돌아보니 누군가가 이 추운 겨울날에 눈이 허리에 찰 때까지 서 있어요. 그것을 보고 하도 딱해서 '무엇을 구하느냐?'고 물었지요. 그러자 혜가는 '감로의 문을 열어주소서. 중생을 제도하여 주소서'라고 하였어요. 그러자 달마는 '근

기가 약하고 그릇이 작은 자는 몸만 고달픈데 그런 근기를 갖고 법을 구할 것이냐?'하고 되물었지요. 이 말을 들은 혜가 스님은 자기 팔을 끊어 보였어요. 이때 달마 대사는 '과거 모든 부처님들이 법을 위하여 몸을 버렸거늘 네가 내 앞에서 팔을 끊어 바쳤는데 가히 법을 구할 만하구나' 했어요."

겸우 스님은 게송 하나를 읊으셨다.

"모든 부처님의 심법心法을 들어서 알 수 있겠는가?"
"남으로부터 얻는 것이 아니니라."
"내 마음이 지금 편치 않사오니 내 마음을 편케 해주십시오."
"그 마음을 가져와라. 그러면 편안케 해주겠다."
"아무리 찾아도 찾을 수가 없습니다."
"그렇다면 나는 이미 너의 마음을 편케 해주었노라!"

諸佛本來法印 聞不可得
非從人得
我心未寧 乞師與安心
將心來 與汝安
覓心了不可得
與汝安心竟

"바로 여기서 혜가 스님은 깨쳤어요. 육조 스님까지는 참선해서 깨친 것이 아닙니다. 이같이 한 말씀 듣고는 깨달아 생사대사를 해결(견성)했어요."

"'내 마음이 지금 편치 않사오니 내 마음을 편케 해주십시오'라고 하니, '그러면 불안하다는 네 마음을 내보여 달라'고 하는 그 말 한 마디에 혜가는 깨쳤어요."

"마음을 찾아보되 형체가 없으니 이것이 무심無心 아니오? 무심에 무슨 마음이 불편하겠어요. 달마 스님은 법을 전하러 오셔서, 팔을 끊어 바친 혜가 스님에게 자기의 잃어버린 물건 찾아주었지 다른 물건 해준 것 없어요. 바로 이것이 불법佛法입니다."

"부처님이 49년간 설한 법도 이러할 뿐, 이 밖에 다른 것 없습니다. 그것이 무엇이냐 하면 천상천하유아독존天上天下唯我獨尊의 본래면목本來面目을 찾아주었다는 것입니다. 오늘 이 '반야심경'이야말로 다른 것이 아니고 전부 잃어버린 자기 물건을 찾아주는 경입니다. 그래서 이름이 심경心經입니다."

선사는 잠시 후 다시 게송을 읊으신다.

내게 한 권의 경전이 있으나 종이와 먹으로 된 경이 아니다.
경을 열어보니 한 자도 없으나 항상 대광명이 비치고 있네!
我有一經卷 不因紙墨成
展開無一字 常放大光明

"왜 내가 이 게송을 읊었느냐 하면 각자의 마음속에 있는 경이라는 겁니다. 마음 없는 사람 어디 있어요.『반야심경』은 270자인데 그 중에 무無자가 21자나 들어 있어요. 무가 거듭거듭 들어 있는 것은, 없는 것을 갖고 없는 것을 보여 주려다보니 그렇습니다. 이 심경은 옳게 설하고 옳게 들으면 성불하는 경입니다."

"『금강경』과 『반야심경』은 똑같은 경입니다. 금강金剛이란 말과 반야般若라는 말만 다를 뿐입니다. 금강이란 보물 중의 제일이라는 것으로 금은 광석 속에 들어 있지요. 우리들 각자 자신은 산山입니다. 인아산人我山이라고도 합니다. 이 자신 속에 들어 있는 자성自性은 금과 같은 것입니다. 산에 있는 광석 속에 들어 있는 금은 캐내야 금이지 광석 그대로는 금이 아니지요. 광석을 부수고 금을 찾듯이 내 속에 든 본성을 찾아야 보물입니다. 찾지 못하면 보물이 아닙니다. '마하'는 크다는 말이고 '반야'는 지혜를 말합니다. 그런데 크다는 것을 봅시다. 세상에서 제일 큰 것은 무엇입니까? 지혜는 밝다는 것인데 세상에서 제일 밝은 것은 무엇입니까? 이것이 다 자신에게 있기 때문에 자기 것을 보여 주

1. 견성의 의미

겸우 선사.

기 위해서 이렇게 질문하는 것입니다."

선사는 대중을 한번 둘러보시더니, 김 거사에게 묻는다.

"지혜 있으니 한번 대답해 보시오. 무엇이 제일 크다고 하겠어요?"

"자기 자성自性은 삼라만상을 다 품을 수 있기 때문에 자성이 제일 큽니다."

"그러면 밝은 것은?"

"자기 자성 속에서 온갖 지혜와 광명이 나오니 자성이 제일 밝습니다."

"그러면 우리가 다 같이 밖으로 보는 물건 중에서 무엇이 제일 큰가?"

"견체見體가 제일 큽니다. 큰 것 또한 모양과 그릇이 없기 때문에 자성이 제일 큽니다."

"경찰이라 좀 달라! 뭐 조사하러 다니다 보면 지혜가 없으면 감춰진 것 찾을 수 없거든."

김 거사가 경찰이라는 것을 알고 하시는 말씀이다. 대중 가운데 선사의 말을 알아들을 수 있는 사람이 있다는 것이 흐뭇하신 모양이다. 선사는 말씀을 이어 갔다.

"반야다라 존자가 달마 스님을 찾아가서, '모든 물건 중에 어떤 것이 제일 큰가?'하고 물으니 '자성이 제일 크다'라고 했어요. 허공이 최대라는 스님도 있었어요. 그러나 자성은 허공이 몇 개가 들어가도 남는 것입니다. 허공은 제 이름자 하나도 못 내놓는데 우리는 허공을 몇 개라도 품는다고 말하지 않습니까!"

선사는 게송을 읊으신다.

모든 물건 중에 어떤 것이 제일 큰가?
(생각을)일으키지 않는 것이 제일 크다.
모든 물건 중에 어떤 것이 제일 높은가?
인아가 제일 높다.
於諸物中 何物最大
不起無上
於諸物中 何物最高
人我最高

"여기서 말하는 인아(人我, 나)란 세상에 출현하시자마자 말씀하신 천상천하유아독존天上天下唯我獨尊의 '나'입니다. 인아는 각자 자신들 속에 다 들어 있는데 '그것을 못 보고 있다' 이 말입니다. 이것 찾아 갖는 법이 불법이요, 이것을 찾아 가지면 각자가 천상천하유아독존인 동시에 영원히 죽지 않는 무한생명을 체득하는 것입니다. 이 때문에 인아가 최고라고 하는 것입니다."

"달마 스님은 공부해서 깨친 것이 아니라 이렇게 깨쳐 가지고 나온 분입니다. 그래서 반야다라 존자가 인가해서 달마가 된 것입니다."

"『반야바라밀다심경』은 바로 이것을 찾아주려는 것입니다. 밝은 것은 무엇이냐? 마음이요 자성이라 할 수밖에 없어요."

보는 놈을 보라

"나는 벌써 30년 전부터 이것을 보려면 눈과 광명과 현실을 여의고 보라고 했어요. 꿈으로 이 비유를 들었거든. 꿈이란 것이 눈과 광명과 현실을 여의었거든. 이것은 생각으로 보는 놈입니다. 눈 감아도 세계 일주를 할 수 있고 모양이 없는 놈입니다."

"생각으로 보는 놈은 멀다고 해서 시간이 더 걸리고 가깝다고 해서 시간이 덜 걸리는 것이 아닙니다. 저 미국이나 영국에서 본 것을 생각해 보는데 시간이 더 걸리는 것도 아니고 바로 문밖의 것을 생각하는데 시간이 덜 걸리는 것도 아닙니다. 그렇지 않습니까? 집에 돌아가서 이런 것 생각하여 공부에 이용토록 하시오."

"참선 따로 없어요. 보는 놈 보는 것이 견성見性입니다. 모양을 여읜 놈, 현실을 여읜 놈, 이렇듯이 50년 산 사람이 50년 전 것을 생각해 보나 여기 오기 바로 전 것을 생각해 보나 걸리는 시간은 같아요. 한 생각 퍼뜩 일으키면 보는 것 아닙니까! 이것이 현실을 여의고 보는 것입니다. 외국에 돌아다녔던 것 보는 것이

곧 현실을 여의고 보는 것 아닙니까! 여기 오기 전에 자기 집에서 있었던 일 생각해 보는 것, 현실을 여읜 것 아닙니까! 그렇듯이 무량겁 전 것이나 바로 직전 것이나 무량겁 후의 것이나 다음 시간을 생각하는 것이나 한 생각 퍼뜩 일으키면 봅니다. 바로 이 놈을 보면 되는 것입니다."

겸우 선사는 다시 게송을 읊으셨다.

한 생각 마음이 무량겁이니 오고 감이 없네.
이와 같이 알면 삼세가 하나요, 생사가 본래 있는 것 아니니라.
一念服無量劫 無來亦無去
如是了知三世欣然 生死去來本無

"현실을 여의고 보는 놈을 보면 무량겁을 한 생각에 보니 삼세(과거 현재, 미래)가 둘이 아닙니다. 여기서 생사거래를 마치는 것

1. 견성의 의미 23

입니다. 일념즉시무량겁一念卽是無量劫이 바로 이 소식을 보여준 것입니다."

선사는 지그시 눈을 감으시고 『반야심경』을 암송하셨다.

摩訶般若波羅蜜多心經

觀自在菩薩 行深般若波羅蜜多時 照見 五蘊皆空 度一切苦厄 舍利子 色不異空 空不異色 色卽是空 空卽是色 受想行識 亦復如是 舍利子 是諸法空相 不生不滅 不垢不淨 不增不減 是故 空中無色 無受想行識 無眼耳鼻舌身意 無色聲香味觸法 無眼界 乃至 無意識界 無無明 亦無無明盡 乃至 無老死 亦無老死盡 無苦集滅道 無智亦無得 以無所得故 菩提薩陀 依般若波羅蜜多故 心無罣碍 無罣碍故 無有恐怖 遠離顚倒夢想 究竟涅槃 三世諸佛 依般若波羅蜜多 故得阿耨多羅三藐三菩提 故知 般若波羅蜜多 是大神呪 是大明呪 是無上呪 是無等等呪 能除一切苦 眞實不虛 故說 般若波羅蜜多呪 卽說呪曰

揭諦揭諦 波羅揭諦 波羅僧揭諦 菩提娑婆訶(3번)

마하반야바라밀다심경

관자재보살 행심반야바라밀다시 조견 오온개공 도일체고액 사리자 색불이공 공불이색 색즉시공 공즉시색 수상행식 역부여시 사리자 시제법공상 불생불멸 불구부정 부증불감 시고 공중무색 무수상행식 무안이비설신의 무색성향미촉법 무안계 내지 무의식계 무무명 역무무명진 내지 무노사 역무노사진 무고집멸도 무지역무득 이무소

24　부처를 보려면 보는 놈을 보라

득고 보리살타 의반야바라밀다고 심무가애 무가애고 무유공포 원리 전도몽상 구경열반 삼세제불 의반야바라밀다 고득아뇩다라삼먁삼보리 고지 반야바라밀다 시대신주 시대명주 시무상주 시무등등주 능제일체고 진실불허 고설 반야바라밀다주 즉설주왈

아제아제 바라아제 바라승아제 모지사바하(3번)

암송을 끝내신 선사는 내용을 풀이해 주셨다.

"'마하'는 크다, '반야'는 지혜, '바라밀'은 행行을 의미합니다. 큰 지혜로 성불하려면 행이 있어야 합니다. 행은 마음을 갖고 하는 것이지 다른 것을 갖고 하는 것이 아닙니다. '관자재보살'은 밖에 있는 보살이 아니고 각자 자신 속에 있는 보살입니다. 자신 속에 있는 자재自在한 마음입니다. 경계만 따라다니는 마음이 아니고 자리이타(自利利他, 자기도 남도 모두 이롭게 함)와 보리군생(菩提群生, 중생을 널리 구제)을 위해서 남을 해치지 않고 남을 위해 좋은 일만 하는 보살행을 하는 것이 '관자재보살'입니다. 이러한 행을 하면 누구나 보살입니다.

관세음보살, 지장보살, 문수보살만이 보살이 아니라 그러한 행을 하면 여러분이 다 그런 보살인 것입니다. 각자 자신을 찾으면 각자는 삼세제불三世諸佛 중 일불(一佛, 한 부처님)이 되는 것입니다."

觀自在菩薩 行深般若波羅蜜多時 照見 五蘊皆空
관자재보살이 깊은 반야바라밀을 행할 때 오온이 모두 공함을

관하여

"오온이 무엇이냐? 색수상행식色受想行識을 말합니다. 색은 무엇이냐? 눈으로 보는 삼라만상이 전부 색色입니다. 첫째로 여기서 말하는 이 색은 눈으로 보는 것만 의미하는 것이 아니고 색성향미촉법(色聲香味觸法, 모양, 소리, 냄새, 맛, 촉감, 생각)이 모두 색입니다. 안이비설신의(眼耳鼻舌身意, 눈, 귀, 코, 입, 몸, 생각)의 상대 경계인 색성향미촉법이 모두 색입니다.

둘째로 수受인데 만일 눈으로 보는 삼라만상만 색이라 한다면 수受라는 말과 맞지가 않아요. 눈으로 보는 것, 귀로 듣는 것, 코로 냄새 맡는 것, 입으로 맛보는 것, 몸으로 느끼는 것, 뜻으로 생각하는 것이 전부 색이요, 이 모두 육문(六門, 6가지 문)으로 받아들이는 것입니다.

셋째로 상想입니다. 받아들이면 생각합니다. 생각을 안 하려

고 해도 생각이 납니다. 부딪칠 때마다 생각하면서 받아들이게 됩니다.

넷째로 행行이란 것은 무엇인가? 받아들인 것을 내보내고 안 내보내고 하는 것은 행에 따라서 일으키는 알음알이입니다.

다섯 번째 식識이 일어납니다. 이것들을 오온이라고 해요. 왜 오온이냐 하면 앞의 다섯 가지를 보따리처럼 쌌다고 해서 그렇게 부르는 것입니다. 색, 수, 상, 행, 식을 싼 보따리가 바로 각자 자신이란 말입니다. 보살행을 닦으려면 이것을 다 없는 것으로, 공空한 것으로 보아야 합니다. 보살은 이것을 지혜의 눈으로 비추어 보아서 다 공한 것으로 본다는 것입니다. 그러나 말은 쉬운데 행에 가서는 어렵습니다. 그래서 공한 것을 설명해야 합니다. 그 뜻을 모르면 『반야심경』을 천만 번 외워도 소용이 없어요."

"왜 공한 것이냐? 눈으로 보는 '색'부터 봅시다. 여러분, 여기 오기 전에는 여기가 없었지요. 여기 와서는 자기 집, 자기 고장이 다 없지요. 여기서 여윈 것, 여기에 와서는 여기가 나타났지만 여기를 떠나면 여기도 없는 것 아닙니까. 내가 떠나면 나까지도 없는 것 아닙니까! 이 없는 놈이 자기 물건입니다.

있는 것은 있기 때문에 바뀌고 생멸이 있는 것입니다. 없는 것은 없기 때문에 바뀌지 않고 생멸도 없습니다. 이것이 자기 물건이요, 진정한 자기입니다. 이것을 찾아주자는 것이 불법이고 이것을 보는 것이 곧 견성(깨달음)입니다. 그런데 세상 사람들은 있는 것만 보고 없는 것은 못 보고 있어요. 바깥과 남의 경계를 따

라다니느라 바쁘기만 하고 물질의 노예 노릇만 하고 진실로 없는 자기 물건은 못 보니 답답한 것 아닙니까!"

"다음은 귀로 듣는 것, 귀에는 모든 소리를 여읜 것 아닙니까? 여러분, 수원서 듣던 소리가 여기 함양에 와서는 한마디도 없지 않습니까? 여기 와서는 내 소리, 목탁소리, 종소리를 듣고 있지만 여기를 떠나면 모두 없는 것 아닙니까? 소리는 났다가 곧 없어지지만 듣는 놈은 없기 때문에 어디를 가도 없어지질 않습니다. 이놈은 현실을 여읜 놈이기 때문에 우리 몸이 천만 번을 죽어도 없어지지 않습니다. 내가 여기 나온 것도 이것을 찾아 주기 위한 것입니다. 그렇지 않으면 나올 까닭이 없어요. 여러분도 이것을 조금이라도 인식하기 위해서 온 것이지 그렇지 않으면 무엇 하러 새벽바람 맞으며 이렇게 천리길을 찾아오겠습니까?"

"냄새도 그렇지 않아요? 똥은 구려도 똥 무더기를 여의면 똥 냄새는 없어집니다. 그러나 이 없는 놈은 없어지지 않는 것입니다. 이것이 공空입니다. '관자재보살'은 이것을 잘 조절한다는 것입니다. '응무소주이생기심(應無所住而生其心, 응당 머물 바 없는 텅 빈 곳에 머무는 마음)'이라는 『금강경』의 말씀도 이 뜻입니다!"

"이 없는 것은 『금강경』에서 말했듯이 상相을 떠나야 알 수 있는 자리이며, 우리가 이것을 찾아 가지면 금강석보다 훨씬 귀한 보물을 갖고 사는 것입니다. 또 이 몸은 무한한 광명의 지혜를 내는 보물단지입니다. 그 보물을 '마하반야'라 하지요, 무한히 큰 지혜광명이란 말입니다. 어찌 찾지 않을 수 있겠어요.

사상四相이란 말이 있는데, 이것은 아상(我相, 이 몸이 '나'라는 생각), 인상(人相, '나' 아니면 '남'이라는 생각), 중생상(衆生相, 세상일에 집착함), 수자상(壽者相, 오래 살아야겠다는 생각)을 말합니다. 이 사상

1. 견성의 의미

을 떠나야만 자성을 볼 수 있어요. 이는 마치 순금이 흙 속에 묻혀 있으나 흙을 털어내고 잡석을 제거해야 드러나는 것과 같아요. 돌 속에 묻혀 있으면 무슨 소용이 있겠소. 흙에서 캐내고 정련을 해야 금의 가치를 갖는 것과 같이 내 속에 본래 묻혀있는 자성을 드러내야지요."

"깨치고 난 자성은 어떠한가? 말로 짐짓 표현하자면 밝음, 지혜의 밝음입니다. 본다는 것이 무엇인지 아십니까? 빛이 물체에 닿으면 이 눈이 물체로부터 반사되는 광을 인식하는 것인데, 광명이 없다면 볼 수 없는 것이요, 눈을 여의고도 못 보는 것이요, 보는 대상이 사라져도 못 보는 것입니다. 그런데 이 세 가지를 모두 여의고도 보는 놈이 있어요. 이 보는 자, 보는 대상을 여의고도 깜깜한 암흑의 한밤중에도 보는 놈이 있어요, 생각으로 보는 놈이 있지 않습니까? 현실을 여의고 보는 일념(한 생각 일으키는 놈)이 있어요. '그 놈은 무량겁 전에도 있었고 무량겁 후에도 있었다' 이것입니다."

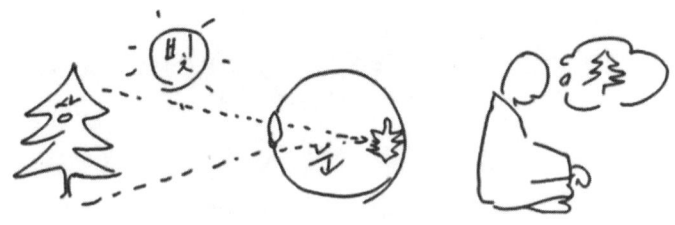

겸우 선사는 『반야심경』의 첫 머리를 읊으신다.

摩訶般若波羅蜜多心經
觀自在菩薩 行深般若波羅蜜多時 照見 五蘊皆空 度一切苦厄
마하반야바라밀다심경
관자재보살이 반야의 대지혜로 이 몸을 보니 아무것도 없는 고로 모든 고액으로부터 벗어나도다.

"이 경은 마음, 자성 자리를 보게 하는 경인데, 자성은 내 자신 속에 있어요. 어떻게 해야 내 속에 있는 이놈을 볼 수 있느냐? 이 자성은 아상我相을 버려야 볼 수 있어요. 그러려면 우리 이 몸을 어떻게 보아야 할 것인가? 우선 이 몸뚱이, 오온五蘊으로 된 우리 몸인 다섯 보따리를 공空하다고 보라는 것입니다. 보살은 실제로 공으로 보고 있어요."

겸우 선사는 청중을 둘러보시고는 오온이 없는 것을 관찰하는 방법을 설명해 주셨다.

"보고, 듣고, 냄새 맡고, 맛보고, 촉감을 느끼고, 생각하는 것들인 이 오온을 이용해서 없는 자리로 들락날락, 오르락내리락 하면서 아무것도 없는 것을 살피면 초初견성은 할 수가 있어요."

舍利子 色不異空 空不異色 色卽是空 空卽是色
사리자여, 색이나 공이나 다르지 않고 공이나 색이나 다르지 않다. 색을 대하는 것이 곧 공을 대하는 것이고, 공을 대하는 것이 곧 색을 대하는 것이다.

"여기서 '사리자'는 지혜 제일이라 부르는 부처님의 십대 제자 중의 한 분이나, 각자의 자성 속에 있는 지혜를 일컫는 지혜의 대명사입니다. 『육조단경』에서는 '선지식'이라는 말을 썼지요. 모두 같은 뜻이라고 보면 됩니다. 여기 모인 여러분, 모두 지혜를 갖고 계시지요? 그 많고 적음은 불문하더라도 말입니다. 그래서 여러분은 '선지식'입니다. 세상 물정을 안다는 것도 지혜 아닙니까?"

"색불이공 공불이색色不異空 空不異色, 이것 똑바로 알아야 합니다. 살리고 죽이는 도리가 여기에 있어요. 이것을 알면 견성이요, 모르면 화두로 삼아야 해요.

요새 『반야심경』을 보면 '물질이 곧 허공'이요, '허공이 곧 물질'이라 해놓았는데 이것은 그런 뜻이 아닙니다. 이렇게 하면 보는 놈을 죽여놓는 것이 됩니다. 태양도, 태양을 둘러싼 허공도 이 『반야심경』에서는 물질입니다. 눈으로 볼 수 있는 것은 모두 물질입니다. 왜냐하면 세상에서 제일 큰 것을 말해보라면 허공, 태양, 대지를 들겠지요. 그런데 보는 놈은 이 세 가지를 하나로 봅니다.

여러분, 이 세 가지를 따로 봅니까? 보는 눈이 다릅니까? 다르다면 이것을 보는 눈은 쪼개 보아야 할 텐데 쪼갤 수 없다면 보는 눈은 하나 아닙니까!

하나인 이것을 견체見體라고 합니다. 제일 밝다고 하는 태양까지도 이 보는 견체에는 없는 것입니다. 여러분, 밤에는 태양이 없지요. 견체에 태양이 있는 것이라면 견체에 빛이 있어야 하는데 없기 때문에 밝음 대신 어둠을 보는 것입니다."

"세상에서 제일 밝은 것은 눈과 광명과 현실을 여의고 보는 것이라고 했습니다. 어둡고 밝은 것이 둘이 없는 것이 제일 밝은 것입니다. 태양은 밝은 것이 있기 때문에 어두운 것은 못 나타내고 허공은 어둡기 때문에 밝은 것을 못 나타냅니다. 그런데 보는 놈은 어둡고 밝은 놈을 한꺼번에 나타내기 때문에 제일 밝은 것입니다. 이것은 어둡고 밝은 것이 둘이 없기 때문에 어둠을 대하면 어둠을, 밝음을 대하면 밝음을, 어둡고 밝음을 함께 대하면 함께 봅니다. 어둡고 밝음이 둘이 없다면 없는 것까지도 나타냅니다."

"이 놈이야말로 제일 밝고 제일 큰 것입니다. 그래서 달마 스님은 법해 스님이 '어떤 물건이 제일 크냐?'라고 물었을 때 '법성法性이 제일 크다'라고 한 것입니다. 여기서 '무엇이 가장 밝은가?'라고 물으면 어떻게 답하겠습니까? 이것을 공부에 이용하도록 하시오. 보는 놈을 보려면 화두話頭 소용 없어요."

"이것이 어떤 놈인가? 이것을 보는 것이 견성법見性法이지 다른 길 없어요. 화두를 달라고 할 필요 없어요. 그래서 물질이 곧 허공이고 허공이 곧 물질이라 하면 『반야심경』을 죽여놓는 것이 됩니다. 왜냐하면 허공이 아무리 크지만 제 이름자 하나 짓지 못하지 않습니까! 이들의 이름 하나 지어 불러주는 것이 법성法性입니다. 이 법성에는 허공, 태양이 둘이 없이 공한 것입니다."

"잘 보시오. 여기 주장자를 보는 놈과 허공을 보는 놈이 따로 있습니까? 보는 놈 견체가 허공 따로 보고, 주장자 따로 봅니까? 주장자를 보는 견체나 허공을 보는 견체나 같지 않습니까! 마치 우리 눈으로 허공, 태양, 대지를 한눈으로 같이 보는 것과 같이, 보는 견체는 같은 것입니다. 쪼개려고 해야 쪼갤 수 없습니다.

그러니 보는 견체에는 허공을 보는 놈이, 곧 이 주장자를 보는 놈입니다. 보는 놈에는 허공과 물질이 다르지 않습니다. 그래서 색이 곧 공이라고 하는 것입니다色不異空 空不異色. 물질이 곧 공이라 하면 이 보는 놈(주인)을 죽인 것입니다. 이것(보는 놈)이 바로 자기 물건이며 이것을 보아야 견성이지 못 보면 견성이 아닙니다."

受想行識 亦復如是
받아들이고 생각하고 행동하고 알음알이를 내는 것 또한 다시 이와 같다.

"여기서 수受는 받아들인다는 뜻입니다. 소리[聞, 聞體]는 듣는 놈이나 안 듣는 놈이나 같아요. 소리를 듣는 놈이 곧 소리이고 소리가 곧 듣는 놈입니다. 냄새(향, 취)도 그래요. 냄새를 맡는 놈이나 안 맡는 놈이나 둘이 아니요. 생각하는 놈과 생각하지 않는 놈 역시 둘이 아니요. 맛 있을 때나 없을 때나 맛보는 놈이 각각 따로따로 있는 것 아닙니다. 부딪치면 아픈 놈, 아플 때 그놈, 그놈이 그놈 아닙니까!

생각 일으킬 때, 안 일으킬 때 역시 같은 놈입니다. 생각이란

생각이 없던 데서 생각을 일으키는 것이고 생각을 여의면 본래 생각 없던 그 자리로 돌아갑니다. 그러니 생각 있던 놈과 생각 없던 놈이 둘이 아닙니다."

舍利子 是諸法空相
不生不滅 不垢不淨
사리자여, 세상의 모든 법도 공하여
나지도 사라지지도 않으며 더럽고 깨끗함도 없다.

"공은 없다는 말입니다. 모든 법의 공한 모양은 없기 때문에 남도 없고[不生] 멸함도 없어요[不滅]. 없는 것에 어찌 남이 있고 멸함이 있겠어요. 모양 없는 허공에 어찌 남이 있고 멸함이 있겠습니까! 자 이것도 비유를 들어봅시다."

"태양은 하나입니다. 태양은 이 세상 온갖 유정(有情, 생명이 있는 것), 무정(無情, 생명이 없는 것), 삼라만상을 나타내지만 태양빛 자체에는 이런 것들이 하나도 없습니다. 하나도 없기 때문에 생멸이 없다는 것입니다. 태양광 자체가 생멸하는 것 보셨어요?"

밤에는 태양빛이 없어진 것 같지만 지구 반대쪽에 있을 뿐 사라진 것이 아니다.

"또 태양빛 자체를 더럽힐 수 있겠으며, 더럽힐 수 있는 자가 있겠어요? 그러니 공한 상은 불생불멸(不生不滅, 생겨나지도 없어지지도 않는다) 불구부정(不垢不淨, 더러움도 깨끗함도 없다)입니다. 허공, 태양, 모두 더하고 감함이 있겠습니까? 태양과 허공을 보는 견체에는 더하고 감함이 없습니다. 하기야 태양도 계속 활동하여 변화하고 있지만 여기서는 어디까지나 비유로 든 것입니다."

是故 空中無色
그런 고로 없는 데는 색이 없는 것이니

"공중무색이란 공중에 색이 없다는 말이 아닙니다. 그렇다면 허공 속엔 삼라만상도 없다고 해야 할 것 아닙니까! 허공과 삼라만상을 보는 자성에 있는 자성 진공眞空을 말합니다. 보는 눈에는 한 모양도 없는 그놈, 소리 듣는 귀에는 한 소리도 없는 그놈, 냄새 맡는 코에는 한 냄새도 없는 그놈, 맛을 보는 혀에는 한 맛도 없는 그놈, 이 모두 하나도 없는 공을 말합니다.
여러분! 이 공을 여러분들이 모두 갖고 여기 앉아 있어요! 지금 여기 법당에서는 맛도 종소리도 없으니 그 공을 여러분이 다 갖고 있는 것입니다. 말을 바꾸면 자성공自性空 속에는 색色이 없는 것입니다. 이렇게 색이 없을진대 어찌 수상행식受想行識이 있겠어요. 그러므로 무수상행식이 되는 것입니다."

無受想行識
받아들이고 생각하고 행동하고 알음알이를 내는 일도 없고

"지금부터는 무無자가 계속 나오는데 한마디로 끝낼 수 있는 것을 중생들이 한마디 갖고는 알아듣질 못하니까 자꾸 이름을

지어 보이는 것입니다. 나도 여러 말을 하면서 이렇게 저렇게 보여주는 것 아닙니까!"

無眼耳鼻舌身意 無色聲香味觸法
　육근(六根; 눈, 귀, 코, 입, 몸, 뜻)도 없고 육근 경계(모양, 소리, 향, 맛, 촉감, 생각)도 없는 것이니

"하열한 근기는 상相에만 집착하고 있으니 여기로 들어가기 힘들어요. 그러나 우리 앞에서 안이비설신의 색성향미촉법 모두 공과 다르지 않고 본래 없었던 것이라는 것, 본래 없는 그 자성을 갖고 있다는 것, 그것과 똑같은 도리입니다."
　선사는 우리에게 확신을 갖게 하기 위함인지, "이것 털끝만큼의 거짓이 없는 것입니다"라고 힘써 강조하신다.
　"여러분, 이 몸뚱이는 이 시간 있다가 다음 시간에는 보증할 수 없는 물건 아닙니까! 조존석망(朝存夕亡, 아침에 있다가 저녁에 없어짐)이라, 우리의 생명이 짧든 길든 간에 이 세상 나오기 전에

이 몸 있었습니까, 없었습니까?"

대중을 둘러보시더니 "내 한번 전 교수에게 물어봐야지"하면서 나를 지목하셨다.

"없었습니다."

"이 몸이 간 후에는 있겠습니까? 없겠습니까?"

"없습니다."

"이 세상 떠나기 전과 이 세상 떠난 후의 것과 같습니까, 다릅니까?"

"같습니다."

"이것을 보면 천만 년을 가도 안 없어지는 것입니다. 우리가 천만 번 죽어도 이놈은 없어지지 않는 놈이요, 이것을 보여 주자는 것이 불법이요, 이것을 못 보면 불법 만난 보람이 없습니다. 이것을 각자 찾아 가지면 이 세계가 천지개벽을 몇 번 해도 이것은 없어지지 않아요. 천지개벽, 대천구괴(大天俱壞, 우주의 멸망)할 때 이 몸이 주(住)할 곳을 찾아놓아야만 불법 만난 보람이 있는 것입니다.

대천구괴할 때 자기의 주처(住處, 머물 곳)가 없다면 무량겁이 다 하도록 어떻게 살아가겠느냐? 이 말입니다. 불법이란 이렇게 깊고 깊은 것이며, 얕다면 바로 자기가 보는 곳에 있어요. 그 얕은 곳이란 일념불기처—念不起處입니다. 안이비설신의 무안계무의식계에도 있습니다. 이 몸은 사대[地水火風]로 이루어신 것, 육신신식주본래공(六塵身識住本來空, 안이비설신의가 머무는 곳이지만 본래는 없는 것)이라."

無無明 亦無無明盡

乃至 無老死 亦無老死盡

무명도 없고 무명이 다함도 없으며

늙어 죽음도 없고 늙어 죽음이 다함도 없으니

"어둠도 밝음도 없는 것이 가장 밝은 것이라(어둠과 밝음을 함께 보는 것) 앞서 말하지 않았어요."

"사실『반야심경』에는 무명진無明盡이라 했지만 암暗자를 하나 더 넣어서 무무명암 무무명암진無無明暗 無無明暗盡이라 하여야 정확합니다. 태양이 지고 어두워지면 그 어둠을 보는 놈이 있으니 의당 밝음과 어둠을 함께 말해야 합니다."

"늙음, 늙어 죽어 다함도 없다, 사람이 꼭 늙어야 죽습니까! 젊어서 죽기도 하고 이 세상에 태어나자마자 죽는 사람도 있고 아예 어머니 뱃속에서 죽는 사람도 있으니 무생로사라 해야겠지요. 노사가 없는데 무슨 고집멸도苦集滅道가 있겠는가! 이 말입니다."

無智亦無得

지혜도 없고 얻을 지혜도 없다.

"가장 밝음이 자성인데 자성은 이미 각자 갖춰져 있는 것, 어디 밖에서 구하랴."

以無所得故

인형극. 　　　불을 밝히면 나타나는 인형극의 주인.

본래 얻을 것이 없는 까닭에

"앞서 달마가 혜가에게 이른 말을 기억하시지요? '네 속에서 구하라' 그 말입니다"
"안이비설신의 육근[六根, 六門]에 대하여 좀 더 설할 것이 있습니다. 육조 스님이 본래무일물本來無一物이라 하신 말씀이 불자들에게 도무지 통하지가 않아요. 육조 스님의 이 말씀을 좀 더 쉽게 설명해야겠어요. 안이비설신의 육문에 본래무일물을 합일合一시킬 수 있어요.
본래무일상本來無一相, 본래무일성本來無一聲, 본래무일미本來無一味, 본래무일촉本來無一觸, 본래무일법本來無一法이 있습니다.
눈으로 삼라만상을 다 보나 눈 감으면 하나도 보이지 않으니

1. 견성의 의미　41

본래무일상本來無一相입니다. 귀로 듣던 온갖 소리 여기 법당에 오니 하나도 없지요? 여기 지금 설법하는 내 소리마저 없으면 한 소리도 없습니다. 이것이 본래무일성本來無一聲입니다. 향, 맛, 생각 모두 똑같은 이치입니다. 향, 맛, 생각하는 놈에는 본래무일물, 본래 없던 것, 이것 보면 견성입니다. 다른 것 없어요. 화두 갖고 참선하려고 수고할 것도 없어요. 그래서 나는 오늘 이『반야심경』은 견성시키는 경이라고 자신있게 설했는데 알아들으셨는지?

지금은 음식을 먹지 않으니 한 맛도 없는 본래무일미本來無一味요, 내 몸을 누가 건드리지 않으면 본래무일촉本來無一觸, 또 경계 따라 한 생각도 안 일으키면 본래무일법本來無一法입니다. 이렇게 안이비설신의 육근에도 본래 무일법이 있어요.

육조 스님은 이것을 통칭해서 '본래무일물本來無一物'이라 한 것입니다. 그런데 이것을 믿지 않고 심지어 반대하는 사람들도 있어요. 반대하는 사람만 없어도 잠자코 있겠는데 이것을 못 본 사람은 그대로 넘어 가겠지만, 이것 자기 물건이고 중생의 물건이며 동시에 제불諸佛의 물건인데 어찌 그대로 묻어 두겠느냐 말입니다."

萬法歸一 一歸何處
만법은 하나로 돌아가는데 그 하나는 어디로 가는가.

"이 화두를 몇 번을 설해도 알아듣는 사람이 없어요. 여러분!

각자의 안이비설신의에 만법귀일처萬法歸一處가 만법출생처萬法出生處라는 것을 알아야 합니다.

눈을 떠 삼라만상을 보면, 이것이 만법 아닙니까? 눈 한 번 감으면 모든 것 없어지고 보는 견체로 돌아가지요? 또 눈 뜨면 다시 삼라만상이 나타나지요? 이것이 만법출생처萬法出生處라! 바로 이것입니다. 얼마나 가깝습니까! 듣는 소리도 귀만 열면 온갖 소리 다 들리다가 귀만 막으면 한 소리도 없고, 본래 듣는 놈으로 돌아가니 만성귀일처萬聲歸一處요, 귀만 다시 열면 온갖 유정, 무정 소리 다 들으니, 만성출생처萬聲出生處입니다.

냄새도 같아요. 코로 온갖 냄새 다 맡다가 코만 막으면 한 냄새도 없이 냄새 맡는 그놈으로 돌아가니 만향귀일처萬香歸一處요, 다시 코를 열면 온갖 냄새 다 나니 만향출생처萬香出生處라.

먹는 것도 같아요. 먹을 때는 온갖 맛이 다 있는데 입 다물면 한 맛도 없고 맛보는 놈으로 돌아가고 음식을 씹으면 온갖 맛이 다 생기니 만미귀일처, 만미출생처萬味歸一處 萬味出生處라.

촉觸도 만촉귀일처, 만촉출생처萬觸歸一處 萬觸出生處입니다.

법法도 그래요, 한 생각 없는 일념불기처一念不起處에 들어가면 한 법도 없는 것 아닙니까? 일념불기처에 들어가면 육근으로 설한 만법귀일처가 일념불기처 한 곳으로 돌아가는 것입니다."

"이 모든 것이 상대 경계를 따라 일어나는 것이니 만법출생처이며, 한 생각도 일어나기 전의 그곳이 일념불기처, 만법귀일처입니다."

以無所得故 菩提薩陀 依般若波羅蜜多故 心無罣碍

無罣碍故 無有恐怖 遠離顚倒夢想 究竟涅槃

얻을 것이 없는 까닭에 보살은 '반야바라밀다'에 의지하므로 마음에 걸림이 없고, 걸림이 없으므로 두려움이 없어서 뒤바뀐 헛된 생각을 아주 떠나 완전한 열반에 들어가나니

"많은 분들이 '열반'을 죽었다는 말로 알고 있는데, 불생불멸의 영원한 생명체를 얻는 것을 말합니다. 천상천하유아독존을 천상의 달 하나에 비유한 바 있지요. 이 열반체涅槃體를 체득하고 보면 생사열반生死涅槃이 상공화(常共和, 하나됨)가 되는 것입니다. 천상의 달은 열반체이고 천강월天江月은 생멸체生滅體입니다.

비유를 들지요. 천상의 달을 여의고는 물 속의 달이 안 나타나니 생멸이 있는 물 속의 달과 생멸이 없는 천상의 달과 생사거래가 상공화 아닙니까? 과거 현재 미래를 지배하는 태양 자체는 생멸이 없는 것이나 자전하는 지구에 따라서 뜨고 지는 생멸이 보이지, 생멸 없는 태양 없이는 어둠과 밝음의 생멸이 없잖아요! 파도의 경우 바닷물은 열반체요, 파도는 바람 따라 생멸하는 것, 바다 없이 파도 있겠소? 이게 서로 상공화 아닙니까?

날마다 출몰하는 태양 하나도 자전하는 지구에서 보면 생멸이 아닐 수 없지만 태양 자체는 상주불멸하는 열반체[佛性]이니 이것 또한 생사열반 상공화입니다.

여러분! 각자 삼라만상을 바라보면 바깥 경계가 생멸하나 보는 놈은 생멸이 없지요. 여러분 자체는 열반체요, 보는 놈과 삼라만

상은 상공화입니다. 안이비설신의 육근이 모두 상공화입니다."

　　三世諸佛 依般若波羅蜜多 故得阿耨多羅三藐三菩提 故知 般若波羅蜜多 是大神呪 是大明呪 是無上呪 是無等等呪 能除一切苦 眞實不虛 故說 般若波羅蜜多呪 卽說呪曰
　　揭諦揭諦 波羅揭諦 波羅僧揭諦 菩提娑婆訶
　과거 현재 미래의 모든 부처님도 이 '반야바라밀다심경'에 의지하여 성불하였다, 고로 '반야바라밀다'는 큰 주문이며 큰 밝은 주문이며 더 할 수 없는 주문이며 무엇과도 비교할 수 없는 주문으로 진정 모든 고액을 없애주느니라. 고로 '반야바라밀다 주'를 설하노니 '아제 아제 바라아제 바라승아제 모지사바하'

"삼세의 모든 부처님께서도 모두 보는 자기의 자성을 보아 깨달으신 것입니다. 거듭 말씀드리지만 이 『반야심경』이야말로 바로 알고 깨치면 부처가 되는 경입니다."

"한 마디 부탁의 말씀을 드리겠습니다. 나는 일생 동안 환갑, 진갑 잔치도 없었습니다. 이렇게 모르고 토굴 속에서 지내고 있었는데 생각해보니 '앞으로 이제 갈 날은 가까운데 생일이나 좀 알리고 생일법공양生日法供養을 한번 시키고 가야겠다'해서 작년에 알렸지요. 올해도 안 나온다고 했어요. 내 생일 대신 저 양로원에 가서 공양 한번 올려라 했지요. 그런데 각지에서 일 년에 한 번씩이라도 만나야 한다고 해서 오늘 나왔어요. 중은 불생불멸不生不滅의 영원한 생명을 찾으려고 출가한 몸인데 생일이 어디 있겠습니까! 불생불멸을 입으로는 외치면서 생일잔치를 한다는 게 말이 됩니까! 내가 귀중하게 여기는 것은 내 출가날입니다."

"음력 2월 8일, 당시 29세 때 가족을 버리고 배낭 하나 걸머지고 산속으로 들어갔어요. 나중에 알고 보니 부처님 출가도 29세 2월 8일로 같아서, 아마 내가 불교와 인연이 있나보다 했지요. 나는 부끄럽지만 그래도 이런 말 해주는 스님도 흔치 않아 나와서 한 마디 한 것입니다. 이만치 알아들었으면 각자 자기 공부를 해야지 귀동냥해 가지고는 안 됩니다. 오시지 말고 각자 집에서 본래면목本來面目을 찾는 공부를 하셔야 합니다."

선사께선 다시 게송을 읊으신다.

空手來 空手去 百年貪物 一朝塵 今聞一法 無價寶

빈손으로 왔다 빈손으로 가는 것. 백년 동안 탐하여 쌓은 것 아침 티끌과 같고 오늘 들은 한 법은 값으로 칠 수 없는 보배니라

"이 세상 올 때 누구 하나 한 물건이나 갖고 왔습니까? 갖고 온 것 있으면 여기 대중 앞에 내놓아 보시오.
 이 몸뚱이도 없었고 한 생각 무명업장(無明業障;어리석은 행)을 일으켜 부정모혈(父精母血;부모님의 정자와 난자)의 시주를 얻어 가지고 나온 놈, 그러니 이 몸까지도 자기 물건이 아니지 않습니까! 이 세상 떠나갈 적에는 자기 집에 온갖 보화 가득히 쌓아놓아도 한 물건도 가져가지 못합니다. 은행에 몇천만, 몇억 원 있다 해도 갖고 갈 수는 없잖아요. 자기 가족도 따라 나설 수 없는 것입니다. 비록 따라 나선들 무슨 소용이 있겠어요. 그런데 부자들은 뭐하러 탐심을 부리는지 모르겠어요.
 여기 교수님도 있으니, 자기 월급으로 만족할 줄 알아야 행복한 것입니다. 그것도 학생들 덕분에 이렇게 이 자리에서 밥 벌어 먹는다고 고마운 생각을 가져야지, 그 이상 탐욕을 부려서는 안 됩니다. 백년탐물일조진百年貪物一朝塵이라. 백년 탐한 것 하루아침의 먼지요, 이 몸 갈 적에 먼지만 남기고 가지만 오늘 들은 이 일법(一法;『반야심경』설법)은 세세생생 무가보(無價寶; 값으로 칠 수 없는 보배)입니다."

"여러분! 허공, 태양, 대지를 얼마로 값을 칠 것입니까? 서울에서는 땅 한 평에 천만 원대를 호가하는 곳이 있다던데 이 지구를 통째로 줄 테니 이 몸 하나와 바꾸자면 바꿀 수 있겠습니까?

자기 몸뚱이가 제일 소중한 것입니다. 허공, 태양, 대지 이 모두를 한꺼번에 다 준다고 해도 이『반야심경』과는 못 바꿉니다. 그러니 오늘 설한 이 법문은 무가보입니다."

"나는 오늘 여러분께 세계일화世界一花, 꽃 공양[花供養]을 하려 합니다. 부처님 당시에도 일천이백 대중에게 꽃 공양을 보여 주었어요."

선사께서는 눈을 지그시 감으시고는 게송을 읊으신다.

眼嘟一光이 吞眼光이니 森羅萬象이 眼中花라
世界一花가 開眼中이니 眼光無處에 不開花라
눈빛 하나에 모든 것이 담기니
삼라만상이 눈의 꽃이라,
세계일화란 이름의 한 송이 꽃이 눈에 펼쳐지는데
이 눈빛 닿지 않는 곳에는 꽃이 피지 않네!

안성 석남사 대각전에서 『반야심경』 설법 후 선사와 함께.
왼쪽부터 박정열, 김호철, 겸우 선사, 저자. 2004. 9.

"삼라만상이 이 눈동자 속에 들어있어요. 세계일화를 지적하라고 하면 무엇이겠어요? 삼라만상을 낳게 한 태양 광명이 아니겠어요? 이 태양까지도 눈에 들어있다는 것입니다. 여러분이 눈만 뜨면 각자의 안광眼光 속에 다 있는 것입니다. 춘하추동 언제든 눈만 뜨면 핍니다. 안광무처 불개화(眼光無處 不開花, 눈빛 닿지 않는 곳에 꽃이 안 핀다)라. 어떤 이는 춘광무처 불개화(春光無處 不開花, 봄빛 닿지 않는 곳엔 꽃이 안 핀다)라 했지만, 요샌 겨울에도 꽃피는 곳, 화원 같은 곳이 있는데 그런 꽃은 서리만 맞아도 죽고 폭풍우 만나면 쓰러집니다."

"내가 내놓은 이 꽃은 어떠한 서리도, 폭풍우도, 해녀들이 바다 속 깊이 갖고 들어가도 바닷물마저도 적실 수 없는 꽃이요. 바다 속에서도 피는 꽃 한 송이를 제공하니 이 꽃 받아가지고 가서 세세생생 버리지 말아야 해요.

왜냐하면 집에서 가꾸는 꽃도 만물의 영장인 사람만이 가꿀 수 있지 짐승이 가꿀 줄 압니까? 그러니 화분 깨지면 다른 것으로 갈아서 꽃을 옮겨 심어 다시 가꿀 수 있듯이 이 세계일화인 각자의 자성은 이 몸 화분이 깨져도 내생에 또 태어나서 그 자성의 꽃을 가꿀 수 있는 그런 화분이 되라 이겁니다.

나는 오늘 이런 화분에 이런 꽃, 세계일화 한 송이를 심어드리는 것입니다."

선사는 세 번씩이나 꽃을 심어 주었음을 확인하셨다. 우리 청법대중은 꽃 한 송이씩을 받아 간직한 채 법당을 나섰다.

2. 겸우 선사의 우리말 『반야심경』

"색色을 보고 공空을 보나, 공을 보고 색을 보나 보는 본심은 항상 같은 것이다.
보고 듣는 것, 생각하고 알음알이 일으키는 것, 역시 같은 본심이 하는 것이다."

우리말 『반야심경』

『반야심경』은 모든 불자들이 제일 많이 암송하는 중요한 경전이다. 그러므로 해석이 틀리다면 이것은 매우 심각한 문제이다. 틀렸다면 무엇이 어떻게 틀렸는지 알아야 할 것이다.

우선 『반야심경』을 살펴보고 선사의 해석은 어떤 것인지를 새겨 보았다. 밑줄 친 부분은 겸우 선사가 잘못되었다고 강조하는 부분이다.

관자재보살이 깊은 반야바라밀다를 행할 때, 다섯 가지 쌓임이 모두 공한 것을 비추어 보고 온갖 괴로움과 재앙을 멸도했느니라. 사리자여, 물질이 공과 다르지 않고 공이 물질과 다르지 않으며, <u>물질이 곧 공이요, 공이 곧 물질이니</u> 느낌과 생각과 의지작용과 의식도 또한 그러하니라. 사리자여, 이 모든 법의 공한 모양은 나지도 않고 없어지지도 않으며 더럽지도 않고 깨끗하지도 않으며 늘지도 않고 줄지도 않느니라. 그러므로 공 가운데에는 <u>물질도 없고</u> 느낌과 생각과 의지작용과 의식도 없으며, 눈과 귀와 코와 혀와 몸과 뜻도 없으며, 형체와 소리, 냄새와 맛과 감촉과 의식의 대상도 없으며, 눈의 경계도 없고 의식의 경계까지도 없으며, 무명도 없고 또한 무명이 다함도 없으며, 늙고 죽음도 없고 또한 늙고 죽음이 다함까지도 없으며, 괴로움과 괴로움의 원인과 괴로움의 없어짐과 괴로움을 없애는 길도 없으며, 지혜도 없고 얻음도 없느니라. 얻을 것이 없는 까닭에 보살은 반야바라밀다를 의지하므로 마음에 걸림이 없고, 걸림이 없으므로 두려움이 없어서 뒤바뀐 헛된 생각을 아주 떠나 완전한 열반에 들어가며, 과거·현재·미래의 모든 부처님도 이 반야바라밀다를 의지하므로 아뇩다라삼먁삼보리를 얻느니라. 그러므로 알라. 반야바라밀다는 가장 신비한 주문이며, 가장 밝은 주문이며, 가장 높은 주문이며, 무엇에도 견줄 수 없는 주문이니, 온갖 괴로움을 없애고 진실하여 허망하지 않느니라. 그러므로 반야바라밀다의 주문을 말하노니 주문은 곧 이러하니라.

아제 아제 바라아제 바라승아제 모지사바하.

색과 공의 근본 문제

선사는 "우리말 번역본에서 공空을 허공의 공으로 만들어 버렸다"고 비판하는 것이다. 공이란 본심자리를 두고 하는 말인데 경계境界에 불과한 물질적 대상인 색色에 대응하는 공空으로 만들었다는 점이다. 이렇게 해놓으면 경계를 보는 주체인 본심本心은 간 곳이 없어지고 그래서 부처님의 뜻과는 너무도 거리가 멀어진다는 것이다.

照見 五蘊皆空 度一切苦厄
다섯 가지 쌓임이 모두 공한 것을 알면 일체 고통에서 벗어난다.

　과학은 존재하는 것(물체, 色)의 실체를 규명하는 데 다각도로 접근하고 있다. 우선 물질이 무엇으로 구성되어 있는지를 따진다. 물질은 분자로 되어 있고, 분자는 원자로, 원자는 양자와 전자로, 전자는 더 작은 소립자로 되어 있다는 것도 밝혀냈다.

　이 소립자는 너무 미세하여 없는 것처럼 보인다. 따라서 물질은 소립자로 되어 있으니 과학자의 눈에는 어떤 물질이라도 공空으로 받아들일 수가 있다. 그렇다면 이런 물질적 공이라는 것을 갖고 중생의 온갖 고액을 없애줄 수 있겠는가? 생각해 볼만하다.

　지금 일억 원짜리 수표를 잃어버려 고통받는 사람이 있다고 하자. 수표는 종이 위에 잉크가 묻은 것이고 소립자 수준에서 보면 텅 비어 있으니 걱정 말라고 하면 괴로움이 사라질 것인가. 오히려 그는 이런 소리를 들으면 더욱 화가 날 것이다. 과학적인 사례를 들어 『반야심경』을 해석하는 것은 위험하고 잘못될 수가 있다. 왜냐하면 고통을 느끼는 것은 수표 자체가 아니고 잃어버린 주인의 마음이기 때문이다.

비추어 본다

'오온을 비추어 보라'는 부분을 보자. 무엇인가를 보려면 보는 자subject와 볼 대상object이 있게 된다. 비추어 보라[照見]는 말이 대상을 보라는 것인지 그렇지 않으면 '보는 놈'을 보라는 것인지를 명확히 하여야 한다. 선사는 '보는 놈'을 보는 것이 견성見性이라고 했다. 그렇다면 '보는 놈'만 있게 되고 그 '보는 놈 속'에는 대상(오온, object)이 없다. 따라서 본심에는 오온이 원래 없다는 것이다.

물질이 공과 다르지 않다

불이不異는 두 가지 이상을 비교할 때 '서로 다르지 않고 같다'는 뜻이다. 그런데 이 말은 보이는 대상object을 두고 한 말인지, 보는 관찰자subject를 두고 한 말인지에 따라 엄청난 차이가 있다. 『반야심경』에서 비추어 본다는 말은 보이는 대상을 두고 한 말이 아니다. '색즉시공'을 다른 번역본에는 '눈에 보이는 모든 사물의 참된 모습은 있는 듯하지만 그 실체는 없는 것'이라고 풀이하고 있다. 이러한 번역은 앞에서도 지적했듯이 관찰 대상을 기준으로 한 것이다. 그리고 관찰 대상은 항상 변화하고 있다[無常]. 잠시 인연의 화합으로 존재할 뿐 인연이 다하면 사라지니 없는 것과 같다는 해석이 주류를 이룬다.

　선사의 해석은 관찰하는 주인인 '나(본심, 진아)'를 보아야 한다는 것이다. 모양이 있는 '색'을 보는 '자者'나 모양 없는 '공'을 보는 '자者'는 다른 것이 아니고 같은 '자(본심, 진아)'이다. 그래서 불이不異인 것이다.

　　무엇을 나라 하나

　불이不異하다는 것은 '보는 내가 같다'는 것이다. 그렇다면 보는 나는 무엇인가? '나[我]'를 바로 알기 위해서는 '관자재보살'이 누구인지를 알아야 한다. 그는 깨달음을 성취한 보살이므로 『반야심경』은 본심의 실상을 알고 있는 본심자리에서 하는 말이다. 깨달았다는 것은 본심에서 세상을 보며 산다는 것이다.

　유식론唯識論에서는 본심을 8식이라고도 한다. 그런데 분별심 없는 본심이 공연히 '나'라고 하는 생각을 일으키는 바람에 '나'의 상대로 '남'을 만들어놓았다. 이렇게 생긴 '나'는 벌써 본심에서 벗어난 '나'이다. 이 변질된 '나'는 '가짜 나[假我]'이다. 겸우 선사는 유식론 자체도 인정하려 들지 않았다. 그 이유인즉 쪼갤 수 없는 마음을 식識을 써서 나누어놓았다며 비판하셨다. 그러나 저자는 보는 자와 보이는 대상을 설명할 목적으로 유식을 인용하고자 한다.

　'가아假我'가 7식이다. 이 '가아'가 6식, 5식을 조작하여 '좋다', '나쁘다'라는 생각을 일으키는 것이 중생의 삶이다. 따라서 중생을 벗어나 해탈하려면 5식, 6식, 7식 같은 것에 걸리지 말고 본심자리로 돌아가라는 것이다. 분별없는 본심의 '진짜 나[眞我, 本心]'로 되돌아가면 '남(경계)'이 없어진다. 경계가 없어지니 오근五根으로 받아들일 색이며, 소리·냄새·맛·촉감도 없다. 무엇인가 있어야 색이 좋고, 저 소리가 싫다는 등의 생각이 일어나는 것인데 아무것도 없으니 아무 생각이 없어진다[一念不起處].

법계法界란 무엇인가

모든 법의 공한 모양

법法이란 법칙의 준말이다. 불교에서는 특히 법을 중시한다. 설교를 설법說法이라 하고, 예배 올리는 곳을 법당法堂이라 한다. 세계를 법계法界라고 하는 것만 보아도 불교가 얼마나 법을 밝히는 종교인지 알 만하다. 이것 때문에 불교가 우수한 종교로 인정받고 있다고 본다. 그리고 자연의 법칙을 연구하는 과학자들이 불교에 지대한 관심을 보이는 것도 냉정하고 이성적으로 파고드는 법이 가득하기 때문일 것이다. 그런데 그 법이 공空하다면 어떻게 된다는 것인가?

과학자의 입장에서 법을 살펴보기로 하자.

물질 및 에너지보존의 법칙 mass and energy conservation law이 있다.

어떤 물질이나 에너지가 한쪽에서 없어지면 완전히 사라지는 것이 아니라 다른 형태로 모습이 바뀔 뿐이고 물질과 에너지의 총체적 합은 늘 그대로이다. 운동의 법칙도 있는데 그 대표적인 것이 뉴턴Newton의 법칙이다. 물질과 에너지의 이동법칙도 있다. 생명체가 자손을 번식할 때 적용되는 유전법칙도 있다. 물체의 생성과 붕괴의 법칙도 있다.

이런 물질에 관한 법들이 인류의 생활을 풍부하게 하는데 적잖이 기여해 왔다. 그래서 인간의 생로병사 문제도 과학이 해결해줄 것이라는 믿음이 아주 강하다. 서구에서 종교가 쇠퇴해 가는 이유 중의 하나는 과학문명의 혜택이 종교에서 얻을 수 있는 것보다 크고 현실적이기 때문이다.

그러나 마음의 세계에 적용되는 법을 안다면 경탄을 금할 수가 없다. 왜냐하면 생로병사를 넘어서 생멸이 없는 법을 다루기 때문이다.

나지도 않고 없어지지도 않는다.

언뜻 보면 『반야심경』의 불생불멸不生不滅이 바로 '물질 및 에너지 보존의 법칙'과 같아 보인다. 그래서 불교에도 과학의 영향을 받아 『반야심경』을 과학적 안목으로 해석해보려는 학자나 스님들이 의외로 많다. 그러나 그것은 잘못된 것이다. 왜냐하면 마음의 세계에 들어서면 물질세계의 법은 들어맞지 않기 때문이다. 그리고 물질세계의 법칙은 한결같이 무無에서 유有가 창조될 수 없다는 것을 전제로 한 것이기 때문이다.

그런데 과학의 세계에도 불교에서 이야기하는 공空과 무無의 개념에 접근하는 시도들이 일고 있다. 과학분야에서 기본 이론을 다루는 분야가 물리학이다. 또 물리학은 2개의 큰 분야로 나누어진다. 하나는 산, 강, 건물, 기차, 자동차와 같이 누구라도 보고 만질 수 있는 것을 대상으로 하는 분야인데 비행기가 얼마나 빨리 날고 대포알이 날아가 어디에 떨어질 수 있는지를 밝혀낸다. 대표적인 물리학자가 바로 뉴턴이다. 뉴턴으로 대변되는 물리학을 고전물리학Classical Physics이라고 한다.

그런데 과학기술이 발달하면서 전자현미경이 등장하고 눈으로는 도저히 볼 수 없었던 원자, 양자, 선사 들을 관찰할 수 있게 되었다. 상대성원리로 유명한 아인슈타인마저도 예측하지 못했던 현상들이 미시세계에서 일어나고 있다는 것을 알게 되었다.

예를 들면 세상엔 빛보다 빠른 것은 없는 줄 알았는데 그것이 사실이 아님이 입증되었다. 그래서 이런 물리학 분야를 별도로 이름을 붙여 양자물리학Quantum Physics이라고 하고 있다.

양자물리학은 우리의 생활과 동떨어진 학문이 아니다. TV, 스마트폰, 컴퓨터 등에는 양자역학의 이론이 가득 들어 있다.

양자물리학자들의 눈으로 세상을 보면 텅 비어 있다. 어느 하나 항상한 것이 없는 무상의 세계가 된다. 어떤 대상의 상태를 측정하는 데 있어서도 보는 자, 관찰자의 의지에 따라 달라질 수 있다는 것이 밝혀졌다. 모든 것은 고정된 상태로 있기보다 그렇게 존재할 가능성만 있다는 것이다. 이런 말을 들으면 과학이 얼마나 공空이나 무상無常을 다루고 있는 불교사상과 흡사한지를 알 수 있다.

특히 『반야심경』의 색즉시공에 접근하고 있다는 것을 알게 될 것이다. 양자물리학이 형상을 이루는 근본자리를 논하는 것처럼, 색즉시공은 색으로 대변되는 상相이 아닌 마음의 세계를 다루는 것이다.

마음의 운동법칙

마음의 세계를 이해하기 위해 마음의 운동법칙에 대해서 언급해 보고자 한다. 아니 마음의 운동법칙을 말하기에 앞서 하나의

 예를 들어보기로 하겠다. 지금 내가 들고 있던 사과를 놓아버리면 사과는 땅에 떨어진다. 사과가 떨어지도록 만드는 힘(F)은 사과의 질량(m)과 중력가속도(g)에 비례한다(F=mg). 이와 같은 현상은 바로 뉴턴의 법칙으로 설명할 수 있다.
 그러나 사과가 맛있다느니 건강에 좋다느니 하는 생각은 날개를 달고 하늘 높이 솟기도 한다. 자식이 만리타국에 살고 있으면 사과를 주고 싶은 그 마음은 비행기를 탄다. 그뿐인가. 죽은 자식이 있다면 그 마음은 천국과 지옥을 뒤진다. 여기에 적용되는 법칙은 무엇일까?
 또 하나의 예를 들어보자. 사람들이 많이 모인 광장에서 한 사람이 높은 빌딩 꼭대기에서 무엇인가를 떨어뜨린다고 하자. 그런데 군중 속에서 누군가가 그것이 "돈이다"라고 소리를 지르면 사람들이 모여든다. 그러나 "폭탄이다"라고 하면 혼비백산 도망

간다. 이런 것도 법이다.

　인간의 심리는 이런 것이며, 이것이 또한 마음의 운동법칙이다. 이런 법은 인간이 사전에 체득한 경험[業] 때문이다. 그 경험은 사라지지 않고 기억되고 있는 것이다. 그것이 나에게 이로운지 해로운지 '나'라고 하는 마음속에 남아 있다.

　만일 '나'라는 '한 생각'을 일으키지 않는다면 '나'가 없을 것이며, '나'라는 것이 없으면 '나'에게 좋다는 법, 해롭다는 법이 있을 수가 없다. 즉 '나'라는 상[我相]을 떠나면 타인[人相]이 없고 잘잘못을 따지는 중생상[衆生相]이 없고 오래 살겠다는 욕심[壽者相]이 없어진다. 그러면 남는 것은 무엇인가? 아무것도 없다. 이 없는 것이 본심이다.

　이 본심에는 무엇이라 이름할 만한 것이 없다. 아무것도 없는

데 무엇이 생기고 무엇이 일어나겠는가. 그러니 시제법공상 불생불멸是諸法空相 不生不滅이다.

더럽지도 않고 깨끗하지도 않다

불교에서의 청정淸淨은 중요한 수행의 요체이다. 도를 닦는 도량인 절을 청정도량이라 하고 스님이 계를 받아 지니는 것도 청정행을 위해서이다. 그런데 오조(五祖;달마 이후 다섯 번째 조사)인 홍인弘忍 스님은 "몸은 보리수나무요, 마음은 명경대(거울) 같으니 때때로 부지런히 털고 닦음으로써 번뇌를 일으키지 말지어다[身是菩提樹 心如明鏡臺 時時勤拂拭 勿使惹塵埃]"라고 한 신수 스님에게 법을 전하지 않았다. 그 대신 "보리는 본래 나무가 없고 명경도 또한 거울이 아니다. 본래 한 물건도 없거니 어느 곳에서 번뇌를 일으키랴[菩提本無樹 明鏡亦非臺 本來無一物 何處惹塵埃]"라고 한 혜능慧能에게 법을 전하여 오조의 맥을 이어갈 육조(六祖, 여섯 번째 조사)로 삼았다. 한 물건도 없는데 무슨 깨끗하고 더러움이 있겠는가! 그러므로 불구부정不垢不淨이라 할 수밖에 없다.

공 가운데 물질도 없고

선사가 『육조단경』의 본래무일물本來無一物을 어떤 고승이 청정상淸淨相으로 해석한 것은 잘못되었다고 지적하는 이유도 물들어 더럽힌다는 것은 무엇인가가 있을 때 하는 말이지, 아무것도 없는 본심자리를 청정하다고 하는 것은 잘못된 것이라는 것이다. 따라서 『반야심경』 우리말 번역본에서 "공 가운데 물질도 없다"는 말은 '공'을 '물질'과 대응시켜 놓았다는 것이다. 그러니 '본래 아무것도 없는 본심'은 사라져버리게 만들었으니 크게 잘못되었다는 것이다.

생로병사

늙고 죽음도 없고 늙고 죽음이 다함도 없다
無老死 亦無老死盡

불교에서는 우리의 몸을 인연의 가화합假化合으로 보면서 공을 설명하기도 한다. 몸은 지수화풍(地水火風; 흙, 물, 에너지, 공기) 원소들이 모여서 이루어진 사대오온(四大五蘊; 지, 수, 화, 풍과 정신)이다. 이중에서 어느 것을 일러 '나'라 할 것인가? 꼭 집어서 이것을 '나'라 할 수 없으니 '나'는 실체가 없다. 실체가 없는 것들이 인연으로 화합한 것이니 공空이라고 풀이하고 있다.

과학에서는 인연화합을 물질의 화학적 결합 또는 반응으로 본다. 그리고 온도, 압력, 촉매 등과 같이 반응의 환경들은 연然에 해당된다고 볼 수도 있다. 그런데 이렇게 반응으로 생긴 것은 역시 물질이다. 우리들의 육신은 생멸을 반복하는 세포로 구성되어 있다. 한 세포의 삶을 '나'라 할 것인가? 세포 덩어리의 삶을 '나'라 할 것인가? 생명을 마치 물질적 인연으로 설명하고 물질이 변화하여 없어지는 것을 『반야심경』의 공空이라고 설명하면 곤란하다는 것이다. 왜냐하면 우리의 마음에는 경계를 보고 인식하는 의식을 관觀하는 본심이 있기 때문이다. 이 본심은 생멸하는 것이 아니다. 생사를 벗어나 있으니 자라고 늙고 죽는다는 말이 필요하겠는가. 노인들이 하는 말이 있다. "내가 10년만 젊었다면, 어떻게 할 텐데!" 이 말은 시간을 되돌려 보겠다는 것이 헛된 망상이라는 것을 모두 알고 하는 말이지만 그 바탕에는 장수하겠다는 인간의 마음[衆生心]이 깔려 있다.

오늘날 과학기술의 발달로 인간의 생활이 안락해졌고 특히 유전공학 기술은 인간의 생명을 연장시켜 100세까지 살 수 있겠다는 희망을 주고 있다. 그래서 그런지 과학기술에 대한 믿음이 커져 인간의 '생로병사' 문제를 과학기술이 해결해줄 것이라는 기대를 갖는다.

그런데 '생로병사'에 대한 『반야심경』의 접근법과 해결방법은 참으로 놀랍고 아주 간명하다. 그것은 무념의 본심에 주住하여 세상을 살면 된다는 것이다. 그 본심은 누구나 모두 갖고 있으니 밖에서 구할 필요도 없다는 것이다. 내 속에 있는 그것을 찾아서 그것을 '나'로 알고 살라고 한다. 이러한 '내'가 사는 곳에는 고통을 일으키는 외부의 자극, 생각이라는 내부적 자극도 발붙일 수 없다. 그곳은 텅 비어 적적할 뿐이다. 아무것도 없으니 모든 고에서 벗어남이며 해탈이다.

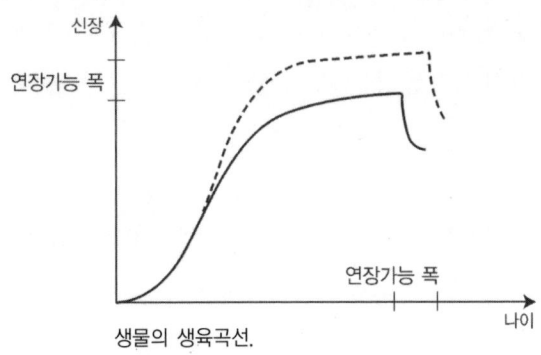

생물의 생육곡선.

늙고 죽음도 없고 또한 늙고 죽음이 다함까지도 없다.

『반야심경』은 생멸하는 육신의 나를 여의고 본심자리에서 세상을 사는 도리를 다루고 있다. 육신에 관심이 있을 때 태어나고 자라고 늙고 병들어 죽음에 관심을 갖게 되는 것이다. '육신이다, 정신이다'라는 상相을 완전히 여읜 자리인 본심자리에서 산다면 늙고 죽음은 물론 늙고 죽음을 벗어난다는 생각까지도 없다.

다시 말해서 『반야심경』의 목적은 중생들로 하여금 본심을 인식하고 그 본심이 참된 '나'임을 자각하게 하는 것이다. 그뿐인가. 이 '참나'는 시작과 끝을 알 수 없는 불멸의 생명체이고 죽으려 해도 죽을 수도 없다. 겸우 선사는 이를 여여如如라는 말로 표현하였다. 생명과학이 100년의 수명 연장을 달성하려고 한다면 『반야심경』은 태어나고 죽음이 없는 억겁의 생명을 누구나 갖고 있음을 확인시켜 준다. 그러니 『반야심경』을 위대한 지혜의 생명공학이라 하지 않겠는가!

겸우 선사의 우리말 『반야심경』

우리말로 번역된 한글판 『반야심경』은 웬만한 불교기도집이나 의례집에서 쉽게 볼 수 있다. 그러나 대부분 한자를 우리말로 직역하거나 한자경전에 충실히 따르도록 번역되었다. 색과 공의 번역이 그러하다. 그래서 나는 겸우 선사의 설법에 따라 우리말 『반야심경』을 적어 보았다.

반야바라밀다심경

관세음보살이 큰 지혜의 행으로 다섯 개의 덩어리로 이루어진 나의 몸을 살펴보니, 보는 본심에는 아무것도 없는 고로 모든 괴로움과 재앙으로부터 벗어나도다. 사리자여, 색을 보고 공을 보나, 공을 보고 색을 보나 보는 본심은 항상 같은 것이다. 보고 듣는 것, 생각하고 행하고 알음알이 일으키는 것, 역시 같은 본심이 하는 것이다. 사리자여, 모든 것을 여읜 본심을 보면 생겨나고 없어지는 것, 깨끗함과 더러움, 늘고 주는 것이 없다. 그런고로 텅 빈 본심에는 아무것도 없으니 대상을 접하여 느끼고 생각하고 알음알이를 일으킴도 없다. 본심에는 눈, 귀, 코, 혀, 몸통, 뜻도 없고 형상, 소리, 냄새, 맛, 촉감도 없고, 이것들이 만들어내는 법도 없다. 눈으로 보아 벌어지는 모든 세계를 위시해서 뜻으로 이루어지는 모든 세계도 본심에는 없다. 본심에는 밝고 어둡다거나, 밝고 어둠이 다했다는 따위도 없다. 아무것도 없는 본심에 어찌 태어나고 늙고 죽음이 있을 것이며 이것들의 다함이 있겠는가. 고통도 없고, 고통의 원인, 고통의 없앰과 고통 없애는 길도 없고 지혜를 구할 것도 없다. 이같이 구할 것이 없으므로 보살은 반야바라밀다에 의지하여 사니 마음에 걸림이 없고 걸림이 없으므로 공포로부터 벗어나며 헛된 망상에서 벗어나 마침내 일체를 완전히 여읜 열반에 이른다.

과거 현재 미래의 모든 부처님들도 반야바라밀다를 의지하여 아뇩다라삼먁삼보리를 얻었도다. 그러므로 반야바라밀은 신비한 주문이며, 가장 밝은 주문이며, 가장 높은 주문이며, 무엇에도 견줄 수 없는 주문이니, 온갖 괴로움을 없애주는 거짓 없는 진실한 주문이다.

가자. 가자. 텅 빈 저 여여한 자리. 한 생각도 일으키지 않는 본심으로 돌아가자.

겸우 선사의 이 '반야심경'은 현재 불교계에서 공인된 '반야심경'과는 다른 점이 많다. 특히 색과 공을 전혀 다른 뜻으로 해석하였다. 우리나라에 불교가 전해진지 1600년. 그 어떤 역대 조사들도 이의를 달지 않았는데 '겸우 선사가 어떤 분이기에 감히 손을 대느냐' 할 것이다. 저자 역시 그런 생각이 없지 않았다.

3. 겸우 선사의 구도행

"그렇다! 바로 일념불기처—念不起處다. 한 생각도 없는 곳,
일념불기처가 그렇게도 찾던 바로 그곳이구나!"

"아! 나는 알았다! 알았다!"

겸우 선사는 어떤 분인가

나는 겸우 선사를 만나 몇 차례의 설법과 법담을 통해 정신세계에 커다란 변화를 겪었고 그만큼 많은 의문점도 갖게 되었다. 모양 없는 무상(無相, 상을 여읨)을 강조하고 무주(無住, 주함이 없음)의 법신자리에서 사는 선사의 삶을 더듬어 보겠다는 것은 세속적인 발상이었으나 나의 궁금증은 이런 것들이었다.

첫째, 도대체 그는 누구인가?

둘째, 그가 깨달은 경계가 역대 조사를 박살낼 정도로 거창한 것인가?

셋째, 그가 선지식이라면 깨달아 보려고 출가한 스님들이 왜 그를 따르려 하지 않는가?

그는 자신을 초등학교 문턱도 넘지 못한 일자무식으로 농사를 짓던 머슴이었다고 하였다. 그런데 어찌하여 불교학자도 하기 힘든 말을 할 수 있을까? 유명한 『금강경』 사구게가 틀렸고, 『반야심경』 해석이 잘못되었고 역대 조사의 살림살이가 형편없다고 할 수 있을까?

학자는 자기가 연구한 내용을 정리하여 논문으로 발표한다. 그 논문을 읽는 다른 학자들은 내용을 따지고 잘못이 있으면 비판한다. 그러자면 그 논문을 쓴 학자를 비평할 만한 실력이 필요하다. 학자의 실력은 그의 학력과 경력을 보면 쉽게 알 수 있다.

그래서 나는 선사의 설법과 그를 오랫동안 모시고 공부한 몇 안 되는 스님과 신도들을 상대로 선사의 행적을 알아보기로 하였다.

직장에서 사람을 채용할 때는 이력서를 요구한다. 이력서에는 그 사람을 평가할 수 있는 정보가 들어있기 때문이다. 선사의 살림을 세속의 잣대로 비추어 볼 수는 없겠으나 참고는 될 수 있을 것이다. 그래서 저자는 들은대로 선사의 행장을 요약해 보았다.

겸우 선사의 세수 87세 때 모습. 2003. 안성 석남사에서.

- 충청남도 서산군 해미읍 양림리에서 1917丁巳년 출생(속명 김재현)
- 7-8세, 『천자문』, 『동몽선습』을 익힘
- 24세, 결혼
- 29세 2월 8일(1945년), 가족을 버리고 서산 부석사로 출가
- 32세, 수덕사에서 경허 스님 증손 상좌인 법운法雲 스님으로부터 현우炫愚라는 법호를 받음
- 해인사 선방에서 수행, 장경각의 노전에서 3년간 수도하였고 6.25를 겪음
- 37세, 통영 도솔암에서 탄허, 효봉, 법룡, 구산 스님 들과 정진
- 범어사 선방 수행 및 부전 스님 소임
- 38세, 오대산 중대와 서대에서 4년간 독거정진

- 42세, 사자산 법흥사 주지(4년 역임)
- 46~53세, 태백산 도솔암에서 7년 정진 (천봉, 제선, 화관, 서암, 법전, 일타 등과 도반)
- 불교 정화운동으로 종로경찰서(정무 스님과 만남), 서대문 형무소에서 옥고 치름
- 59세, 제주도 양진사 무문관에서 3년 독거정진
- 제주도 남국선원(혜국), 천왕사(세법), 자비선원(공관) 등에서 정진
- 63세, 서귀포 토평리 과수원 토굴에서 4년 독거정진(선덕행, 해탈심, 명성화 보살 들의 공양)
- 75세경, 경북 안동 일출사(주지 정무)에서 2년 정진
- 80세, 논산, 남원, 함양 아파트에서 독거정진
- 86세, 창녕 월봉사, 안성 석남사(회주 정무)
- 88세, 통영 미수동 미수아파트와 합천 용문사
- 89세, 통영 미수아파트에서 입적(2005년 8월 28일. 양력).

그의 행적을 보면 사자산 법흥사에서 4년간 주지로 지낸 것을 빼고는 참선과 기도로 일관하였음을 알 수가 있다. 그러나 그는 상좌 한 명 없으니 그의 수행 행적이 기록에 남아 있지 않다. 그리고 여러 곳의 선방을 거치며 지냈다. 몇몇 곳에서는 3년, 4년, 5년, 7년씩 홀로 머물며 수도하였으나 그가 머문 곳은 인적이 잘 닿지 않는 깊은 산속이다. 환갑이 지나자 산속 생활이 힘들어 하산하였으나 토굴을 산에서 시중으로 옮겼을 뿐 문을 걸어 잠그

고 홀로 지내는 독거정진은 멈추지 않았다. 그의 수행생활을 일관되게 아는 분은 정무 스님 한 분인 것 같다. 물론 도반 스님이었던 탄허, 서암, 구산, 일타 스님 들은 돌아가셨고 현 조계종 종정 법전 스님, 송광사 방장 보성 스님이 계시는데 독거정진만 하셨으니 크게 참고할 만한 이야기는 들을 수가 없었다. 같이 지낸 적이 있었다는 한두 스님은 선사에 관해 언급하기를 사양하였다.

다행히 그를 최근에 봉양하고 계시는 공관 스님, 제주도의 선덕행, 해탈심, 명덕행 보살, 정재방 거사 등 몇몇 분이 전해주는 이야기를 통해서 선사와 만났던 시기의 이야기들을 엮어볼 수 있었다. 그리고 10여 년간 설한 설법과 법담을 통해, 또 선사가 저자에게 간간이 들려주신 이야기들을 근간으로 정리하여 본 것이다.

농부의 출가

충청남도 서산군 해미에서 출생한 김재현은 7, 8세 때 『천자문』, 『동몽선습』을 공부하였을 뿐 집안이 가난해 학교에는 다니지 못했다. 독학으로 11세에 국문을 해독하여 소설 등을 얻어 읽어 보곤 했다. 그는 또 다리를 다쳤으나 치료를 받지 못해 다리를 절단해야 할 위기를 맞기도 하는 등 어렵게 소년기를 보냈다. 그는 부지런히 소도 먹이고 겨울이면 산에 가서 나무를 하면서 농사를 지었다. 남들과 달리 술 담배 같은 것에는 관심이 없었고 홀로 지내기를 좋아했다.

24세 되던 해에 부모님의 권유로 결혼을 하였으나 가정생활에는 전혀 흥미를 느끼지 못하고 삶에 대한 회의만 더해 갔다. 그는 '도인이 되어 보면 어떨까!' 생각하곤 했다. 출가의 뜻을 눈치챈 아내는 만류하며 정 그렇게 하고 싶으면 자식이라도 하나 남겨 놓고 출가하라고 애원했다. 그는 29세 되던 해, 자식도 없는 아내를 뒤로 하고 2월 8일(1945년) 출가하여 서산 부석사로 갔다.

절에 도착하여 주지 스님께 중이 되겠다고 하니 세상의 습이 젖을 대로 젖어버린 사람이 중노릇을 못할 것 같은지 탐탁해하지 않았다.

그래서 재현은 『천자문』에서 읽은 극념작성(克念作聖, 성인의 언행을 잘 생각하여 수양을 쌓으면 자연 성인이 됨)을 들먹이며 출가의 결심을 보이니 허락하여 절집 문턱에 들어서게 되었다. 그런데 알

고 보니 그 절은 대처승 절이었다. 도인이 되어 보겠다고 가족을 버리고 속세를 떠난 젊은이를 만족시킬 수 있는 곳이 아니었다. 그곳에서 3년을 머물다 이래서는 안 되겠다 싶어 새로 찾아간 곳이 그 유명한 수덕사다.

대밭 속에서 사흘 지낸 현우

수덕사에서 만공 스님 상좌인 법운 스님으로부터 현우炫愚라는 법호를 받았다. 경허 문중의 맥을 잇고 있는 수덕사의 분위기는 부석사와는 사뭇 달랐다. 모두들 정혜사 선방에서 열심히 참선 정진을 하고 있었다. 이 절에서 살다보면 스님들이 불법을 일러줄 것이라고 기대하고 현우는 부지런히 도량 청소도 하며 법을 배우기 위해 최선을 다했다.

그런데 세월이 흘러도 누구 하나 현우에게 경전을 펴놓고 도를 가르쳐주지 않았다. 어느 날 공양주(절에서 부엌일을 하는 사람)가 말하기를 여기서는 모두들 '만법귀일 일귀하처(萬法歸一 一歸何處; 만법은 하나로 돌아가는데 그 하나는 어디로 가는가?)' 화두를 들고 참선을 한다는 것이다.

현우는 참선을 해볼 작정으로 거적과 향 한 뭉을 들고 대밭 속으로 들어가서는 자리를 잡고 앉았다. 향 하나에 불을 붙여 팔뚝에 꽂고는 '만법귀일 일귀하처' 화두를 참구했다. 향이 다 타면

새로 갈아 가면서 좌선을 계속하였다. 언뜻 향이 다 떨어졌음을 알고 주위를 살펴보았다. 시간이 가는 줄도 모르고 참구하다 보니 벌써 3일이 지났던 것이다. 마음에 뭔가 훤한 것을 느꼈으나 만법이 어디로 돌아가는지를 알 수가 없었다. 그러나 '만법은 마음으로 돌아가겠지' 하는 생각만 갖게 되었다. 마음으로 돌아간다는 것을 알게되니 더 이상 참구할 것이 없어 대밭에서 나왔다.

식음을 전폐해 초췌한 모습으로 며칠 만에 나타난 현우를 보고는 대중들이 놀라 한 마디씩 했다. "저 사람 미쳤다"느니, "소승 아라한 같다"느니 말들이 많았다.

내가 선사에게 기다란 향이 어떻게 팔뚝 위에 꼿꼿이 서서 넘어지지 않고 타들어 갈 수 있느냐고 물었다.

선사는 "그래요, 나도 알 수가 없어요. 어찌 그런 일이 일어났는지 말이요." 선사는 참으로 알 수 없다며 팔뚝을 내보이셨다. "이것 보시오. 그때 향이 타면서 생긴 화상 흔적이 여러 군데 있지 않아요?" 선사는 나와 옆에 있는 불심행에게도 보여주셨다.

그렇다. 선사의 팔뚝에는 쌀알만 한 화상 흔적들이 오밀조밀 나 있었다. "참 별일이야" 하신다. "신장님들이 옆에 계셨던 것이겠지요"라고 나는 말했다.

그런데 이상한 것은 수덕사 스님들은 참선은 매우 열심히 하면서도 술을 마셔대는 등, 계를 지키지 않는 것이었다. 계를 안 지키는 대처승이 싫어서 수덕사를 찾아왔는데 이곳 비구들도 계를 안 지키고 막행막식(莫行莫食, 계를 무시하고 함부로 행동하고 먹는 행위)하는 것을 보고는 적잖게 실망했다. 더욱 놀라운 것은 도를 이루면 계를 우습게 여기는 무애행(無碍行, 아무렇게나 하는 행동)의 풍조가 만연되어 있는 것이었다. 술을 곡차穀茶라 하며 거침없이 마셔대고 쇠고기를 도끼채소라 하면서 먹는 선승들의 생활 태도에 회의를 느꼈다. 속가에서도 술을 입에 대지 않던 현우는 이럴 바에야 오히려 환속하는 것이 낫겠다는 생각도 했다. 그러나 석암 스님, 홍경 스님과 같은 분들은 계를 지키고 있었고 이 분들로부터 많은 가르침을 받았다.

그러던 어느 날 다락방 청소를 하다가 표지가 다 낡아 떨어진 『팔상록』이란 책 한 권을 보게 되었다. 그 내용을 읽어보니 석가모니 부처님의 일생담(一生談;생애를 다룬 전기)이 적혀 있었는데, 마음에 확 와 닿는 내용이었고 석가모니도 도를 얻기 위해서 설산에서 처절한 수도생활을 했다는 사실을 알게 되었다.

그 이후 현우는 막행막식하고 음주주색무방반야(飮酒酒色無妨般若, 술 마시고 계집질하는 것이 도다)라는 경허 문중의 가풍에 실망하여 법명을 겸우謙牛라 자작하고 현우를 버리고 말았다. 그때 해인사에서 3년 결사 용맹정진을 한다는 말을 듣고는 걸망을 챙겨 해인사를 찾았다.

죽으면 마음은 어떻게 되나?

해인사는 선승들이 모여드는 곳이자 많은 고승들이 이곳을 거쳐갔다. 겸우가 해인사에 도착해 보니 선방은 퇴설당이었다. 벌써 많은 수좌들이 도착해 있었고 방이 다 차서 장경각에 머무르면서 참선에 동참했다.

모두들 벽을 뒤로 하고 앉았다. 수덕사 대밭에서 '만법이 마음 하나로 돌아간다'는 것은 알았으나 '죽은 다음에는 그 마음이 어떻게 되는 것인가'는 도저히 알 수가 없었다. 그래서 자연히 '죽은 후에 나의 마음은 어떻게 되나?'를 참구하게 되었다. 그 생각을 쫓아가자니 바늘구멍에 실을 꿰듯 자꾸만 목이 앞으로 빼지면서 무언가를 찾는 자세가 되곤 했다. 이렇게 앞을 향해 파고들다 보면 몸통은 자꾸만 앞으로 기울게 되고 엉덩이를 받치고 앉았던 방석은 계속해서 조금씩 뒤로 빠져나갔다. 연신 방석을 잡아당겨 받쳐 놓곤 하였다. 이렇게 몇 시간을 지내다 보면 겸우의

몸은 자꾸자꾸 앞으로 돌진하여 맞은편 벽에 당도하곤 했다.

입승(선방의 기강을 책임진 스님)인 충승 스님이 무엇을 찾기에 그러느냐고 물었다. 죽은 후 마음을 찾아보려고 그런다고 했더니 참선은 그렇게 하는 것이 아니라고 하면서 조실 스님(선방의 어른 스님)으로부터 화두를 타서 해야 한다고 일러 주었다.

그래서 겸우는 조실인 효봉曉峰 스님을 찾아가 "죽은 후의 마음이 어떻게 되는가를 참구하고 있다"고 말씀을 드렸더니 효봉 스님께서는 "마음 모르는 사람 어디 있어?" 하시면서 "하나만 알라" 며 '만법귀일 일귀하처萬法歸一 一歸何處'라는 화두를 내렸다.

겸우 스님은 이 화두를 들고 앉아 열심히 정진하였는데 망상이 자꾸 들끓어 앉아있을 수가 없었다. 치솟는 망상을 억누르려고 하니 눈에 핏발이 서고 상기가 되었다. 망상을 떨쳐 버리려고 후원에서 장작도 패고 공양간(사찰의 부엌)에서 공양주 일도 자청하였다.

겸우는 업장이 두터워서 그런 것 같아 기도를 해야겠다고 생각하고는 해제(참선기간이 끝남) 후 장경각에서 노전(법당을 관리하는 스님의 거처)에 머물면서 기도를 시작하였다. 기도하는 것이 선방에 앉아있는 것보다 낫다는 것을 알고는 아예 부전 소임(염불 책임)을 맡아서 천일기도를 하였다. 이 기간 동안 특별히 신명을 건 백일기도에 들어갔다.

　그때가 겨울이었는데 장경각은 너무 추워 부처님께 공양하는 다기물(부처님께 바치는 물)이 꽁꽁 얼어붙곤 했다. 겸우는 석가모니 정근을 하는 백일기도가 끝나자 다시 백일기도를 하였다.

탁발기도, 200일

　겸우는 '죽은 후의 그 마음'을 본격적으로 찾아 나서기로 작심하고는 통영 미륵산 도솔암을 찾았다. 이 자그마한 암자에는 효봉 스님의 수제자인 구산 스님이 주지로 있었는데 효봉, 탄허, 법룡 스님 들과 같이 지내게 되었다. 안거 결제(선방에서 참선하는 기간)여서 참선에 들어가 열심히 참구하였으나 잡힐 듯 말 듯 그 마음의 정체를 밝혀낼 수가 없었다. 더욱 힘든 것은 앉아있으면 우글거리는 망상이었다. '이래서는 도저히 안 되겠다, 업장 녹이는 기도를 좀 더 해서 불보살님의 도움을 얻어 해결해 봐야겠다'는 생각이 들었다.

　그리하여 백일기도를 하기로 작정하였다. 기도할 동안 먹을

양식을 마련하기 위해 걸망과 목탁을 챙겨 통영 시내로 내려갔다. 그러나 탁발기도는 쉬운 것이 아니었다. 한 집에서 탁발 염불을 시작하면 시주가 있든 없든 간에 『반야심경』한 편 염불을 다 마치고서야 발을 옮겼다. 이 집 저 집을 들러 시주를 하다 보면 별의별 집이 다 있었다. 어떤 집은 자기네는 교회를 다녀서 못 준다느니, 오늘이 내 생일이라 못 주겠다느니, 다음에 오면 준다느니 했다. 별의별 사람이 다 있었다.

한 번은 이런 일도 있었다. 어느 집에 들르니 초췌한 여인이 우리 영감이 중병으로 다 죽게 되어 끼니가 없다는 것이었다. 겸우는 이 광경을 보고는 그냥 지나칠 수가 없어서 한나절 시주받은 곡식을 몽땅 쏟아주고 왔다. 진종일 돌아다니면 소두 한 말을 마련할 수 있었는데 신도가 없는 산속 선승들의 암자에서 도를 닦자면 탁발 이외에는 별도리가 없었다. 그러나 탁발이야말로 아상我相을 없애고 무아無我의 자기로 돌아가는 훌륭한 수행법임을 느낄 수 있었다.

탁발을 마치고는 도솔암의 700년 묵은 칠성각에서 백일기도에 들어갔다. 이 작은 암자에는 선방인 인법당(부처님을 모신 방이기는 하나 여러 사람들이 기거하는 방)과 칠성각이 전부였으니 목탁을 치며 기도할 수 있는 곳은 오직 칠성각뿐이었다. 관세음보살님께 기도하려면 관음전에서 해야 하는 법인데 칠성각에서 기도를 올릴 수밖에 없었다. 효봉 스님도 화장실에서도 관세음보살님을 부르는데 칠성각도 무방하다고 해서 그렇게 결심한 것이다.

기도를 시작할 때는 향 한 개비에 불을 붙이고는 두 발을 가지런히 모으고 부동의 자세로 정진하였다. 향이 다 타버려도 향을 갈아 꽂을 새도 없이 하루에 2시간씩 4번을 하는 4분 정근(염불기도)을 하였다. 이렇게 하고 나면 두 다리가 퉁퉁 부어 차고 있던 행건이 빠지지 않을 정도였다. 그야말로 죽기 살기로 기도를 했다. 내가 과거생에 사생육도(四生六途; 태, 알, 습한 곳에서, 변화하여 태어나는 4가지 중생이 윤회하는 6가지 세계. 천상, 인간, 아수라, 축생, 아귀, 지옥)를 전전하면서 살았을 터인데 기도하다 죽었던 일이 있었던가! 그래 한번쯤은 기도하다 죽어보자! 그래서 겸우는 죽어라, 죽어라 하면서 기도를 올렸다. 백일기도를 끝내고는 다시 또 백일기도에 들어갔다.

두 번째 백일기도가 막바지에 이른 어느 날이었다. 목탁을 한참 치고 있는데 탱화(아라한과 부처님을 옹호하는 신장들을 담은 그림으로 불상 뒤에 모셔 놓는다)가 방광(放光, 빛을 발함)을 하고, 통째로 공중으로 치솟더니 빙빙 떠돌아다니고 탱화 속의 신장들은 날아다니고 있었다. 겸우는 기도를 방해하는 마장(마귀의 방해)이라 단정하고는 탱화를 향해 목탁을 힘껏 던졌다. 얼마나 세게 던졌던지 목탁이 박살이 나서 마룻바닥에 굴러 떨어지고 말았다.

끊이지 않고 울려 퍼지던 목탁 소리가 들리지 않자 무슨 일인가 싶어 구산 스님이 칠성각을 들여다보니 이 지경이 되어 있었다. 통영에서의 이 같은 치열한 구도에도 그가 찾는 마음의 자리는 보이지 않았다. 그러나 그의 구도의 원력은 더욱 커져갔다.

결제와 해제가 따로 없다

참선하는 선승들이 여럿이 모여서 바깥 출입을 하지 않고 정

진을 하는 것을 안거安居라 한다. 봄에 시작하여 3개월 후 여름에 끝내는 것을 하안거夏安居, 가을에 시작하여 그 다음해 정월에 끝내는 것을 동안거冬安居라 한다. 안거에 들어가는 것을 입제, 끝내는 것을 해제라 한다.

통영 도솔암을 떠나 부산 범어사 동산 스님 회상에 있을 때였다. 해제가 되자 선방의 수자들이 모두 걸망을 짊어지고 떠나버렸다. 겸우는 '도를 이루는 때가 바로 해제다. 아직 도를 이루지 못했으니 나는 결제중이다'라는 각오로 자리를 뜨지 않고 부전 소임으로 천일기도를 맡기로 했다.

기도는 쉬운 것이 아니다. 우선 몇 시간씩 걸리는 염불 기도는 스님들이라도 맡기를 좋아하지 않는다. 그러니 겸우 스님이 스스로 나서서 한다는데 절에서야 좋다고 할 것이 뻔하다.

도를 구함에 한시도 낭비할 수 없는 선승인 겸우는 조건을 제시했다. "나에게는 신도들의 소원을 빌어주는 축원祝願 같은 것, 그리고 사중의 운력(절에서 하는 노동)은 시키지 말고 기도만 하게 하고 방을 하나 따로 마련해 달라"고 했다. 그 이유인즉 기도를 끝내고는 곧장 참선을 하기 위해서였다. 기도에 힘이 붙어 용맹정진 백일기도를 두 번 할 수가 있었다. 밤새껏 목탁을 치며 기도를 하다 보니 선방에 불려가서 선승들의 항의를 받기도 하였다. "제발 잠 좀 자자. 뭣하러 그런 기도를 하냐?" 항의가 거셌다. 겸우는 참선이 잘 안 되어 업장 녹이는 기도를 하고 있다고 대답하곤 했다. 수자(참선하는 스님)들 중에는 "그게 맞다"는 분들도 있었다.

　통영에서 탁발기도를 경험한 겸우 스님은 여기서도 탁발기도를 했다. 이번에는 요령을 치면서 묵묵히 한 발짝 한 발짝 옮기는 자세로 부산 초량동 거리를 돌았다. 그러던 어느 날 한 여인이 겸우 스님의 탁발 모습을 한참 동안 바라보고 있었다. 그 여인은 겸우 스님이 절에서 백일기도를 할 때 옆에서 열심히 동참하였던 복덕심 보살이었다. 거리를 누비는 겸우 스님의 모습을 본 복덕심의 눈에는 구도자의 모습이 너무도 숭고해 보였고 또한 처절해 보였다. 복덕심은 스님의 공부를 꼭 도와드려야겠다는 생각에 스님께 다가가서 보시를 하겠다며 자기 집으로 모시고 갔다. 그리고는 쌀 세 가마니를 살 수 있는 금액을 보시했다.
　스님은 이 돈을 가지면 저 오대산 산속 깊이 들어가서 본격적으로 도를 닦을 수 있겠다고 생각했다. 탁발 걸식을 통해서 아상 我相을 조복 받는(調伏;억누르는) 힘을 기른 그는 걸망을 챙겨 강원도 오대산으로 발을 옮겼다.

적멸보궁에서의 정근 기도

겸우 스님이 선객(禪客, 禪僧)으로 살아온 지가 벌써 10년이 되었다. 나이도 38세가 되었으나 아직 아무것도 이루어 놓은 것이 없는 것 같았다. 석가모니 부처님도 나처럼 29세에 출가하여 6년간 도를 닦아 35세에 부처가 되었는데 아직 깨달음은 아득하기만 했다.

무슨 수를 써야겠다는 생각이 간절했다. 오대산은 불교의 성지로 널리 알려진 곳이다. 다섯 보살들이 머문다 하여 오대산이라고 하지 않던가! 이 성스러운 곳에서 수도를 해보겠다고 마음을 먹었다. '그래 오대산은 부처님의 진신사리(석가모니 부처님의 유골)를 모신 적멸보궁(寂滅寶宮; 진신사리를 모신 절)이 있다. 그렇다. 그곳에 가서 기도를 하자!' 그는 적멸보궁을 찾아갔다.

적멸보궁은 오대산의 중대中臺에 자리 잡고 있으며 자장慈藏 율사가 당나라에서 귀국할 때 부처님의 진신사리를 가져와 모신 곳이다. 중대암에서 사시 예불(오전 10시경)을 드릴 마지(부처님께 올리는 밥)를 들고 새벽 3시에 적멸보궁에 올라가 석가모니 정근을 하고 밤 11시에 내려오곤 했다. 잠도 제대로 자지 않고 백일 기도를 올렸다. 기도 중에 쓰러진 적이 한두 번이 아닐 정도로 신명을 다하여 정진하였다. 부처님께 올린 마지 한 그릇으로 하루의 식사를 삼았고, 반찬은 소금물로 담근 김치가 전부였다.

"그때 그 김치가 그렇게 맛있을 수가 없어요, 신도들도 너무 맛있다고 갖고 가겠다는 분도 있었으니까!" 선사는 저자에게 적멸보궁에 가본 적이 있느냐고 물으시면서 그 당시 수행생활의 일면을 들려주셨다.

적멸보궁에 오르는 길은 가파를 뿐 아니라 밤이면 보통 강심장이 아

겸우 선사가 수행했던 오대산 적멸보궁.

니면 다니기가 힘들다. 밤에 호랑이가 다니는 것을 보았다는 소리를 여러 차례 들었고 금오 스님도 그런 이야기를 해주었다. 그러나 목숨 내놓고 구도하는 겸우 스님에게는 아무 장애가 되지 못했다.

백일기도가 끝나자 다시 백일기도에 들어가 죽을 각오로 정진하였다. 높은 오대산 중대에서 내려다보이는 풍광은 아름다웠고 스님은 정진할 수 있는 힘을 얻게 되었다. 기도를 마쳤으니 이제 본격적으로 수도할 안거처(참선 장소)로는 서대를 택하였다.

오대산 서대, 4년 구도

오대산 서대에는 옛 화전민들의 가옥인 너와집 한 채가 있다.

여기가 바로 스님이 자리를 틀고 4년간 수행 정진한 염불암이다. 이곳은 너무 외지고 불편하여 수자들도 살기를 꺼려하는 곳이다. 아무리 공기와 물이 좋아 호화 별장을 마련해 준다 해도 속인들은 살기가 힘들 것이다. 사실 이곳은 물맛이 좋은 우통수라는 물로 유명하다. 우통수에 차를 달여 먹으면 신선 같다는 시도 있다.

그러나 이곳은 만만한 곳이 아니다. 첫째 외로워서 일주일을 버티기가 힘들 것이다. 그리고 뱀, 산짐승들이 우글거리는 깊은 산속의 밤은 무섭다. 신도가 찾아오는 것도 아니고 먹을 식량을 쉽게 마련할 수 있는 것도 아니다. 부산 복덕심 보살이 시주를 한 돈으로 식량을 마련하고는 참선과 기도의 생활로 일관했다. 하루에 두 끼만 먹으면서 정진하였는데 이곳에서 4년이란 긴 세월을 보내다 보니 식량이 부족했다. 식량 때문에 산을 내려가 탁발을 해야 하니 번거로웠다. 선사에게 뭘 먹느냐 하는 것은 큰 문제가 아니었다. 기도할 수 있는 힘만 낼 수 있다면 먹을거리를 가리지 않았다. 강냉이, 깻묵, 솔잎으로 하루 두 끼만 들면서 허기를 달래고는 파고들었다. 어쩌다 우통수를 맛보고자 찾는 등산객이 간혹 지나치지만 암자 속에 들어앉은 스님이 눈에 띌 리도 없었고, 스님 역시 바깥 세상사에는 관심이 없었다.

참으로 형체 없는 마음의 정체는 구름 잡기보다 더 힘들다. 구름이야 형상은 바뀌나 잠시 머물 수는 있지 않은가! 그러나 이 마음은 찰나지간에 온갖 형상과 일을 쌓고 허물고 삼세를 들락날락하니 어디에 붙들어 둘 수도 없다. 석가모니는 6년 고행 끝에 정각을 이루었다고 하는데, 이 겸우에게는 잡힐 듯 말 듯 아득할 뿐이다. 참으로 전생의 업장이 이리도 두껍게 마음의 눈을 가린단 말인가!

겸우 선사가 4년 동안 구도 정진했던 오대산 서대 염불암.

오! 일념불기처를 보았다

　겸우 스님은 서대에서 4년이란 짧지 않은 시간을 보냈지만 견성의 뜻을 이루지 못하고 사자산 법흥사 적멸보궁으로 다시 자리를 옮겨 보았다. 그리고는 석가모니 정근(염불 정진)을 하며 혼신의 힘을 들여 백일기도를 올렸다. 백일기도가 끝나가는 어느 날 기도 삼매 속에서 문득 이런 생각이 들었다.
　"지금 보고 듣고 느끼는 모든 것, 색성향미촉법色聲香味觸法이라는 것, 불법(佛法, 부처님 세계의 법)이며 세법(世法, 세상의 법)이라는 것, 이 모든 것이 한 생각도 내지 않으면 없는 것 아닌가!"
　"그렇다, 바로 일념불기처(一念不起處, 한 생각도 없는 곳)다!"
　고요하고 적적한 자리가 선명히 보였다. 이 모든 것, 부처며

중생이라는 것, 모두가 아무 생각 없었던 마음에서 비롯된 것임을 깨달은 것이다.

"한 생각도 없는 곳, 일념불기처가 그렇게도 찾던 바로 그곳이었구나! 왜 일찍 저 높은 오대산 적멸보궁과 서대에서는 이것을 못 보았을까!"

스님의 안색이 밝아졌다. 그는 드디어 풀기 힘든 일대사一大事를 해결하는 큰일을 해냈다. 그 얼마나 찾고자 헤매었던가!

"아! 나는 알았다! 알았다!"

"일념불기처! 바로 이것이었구나!"

"한 생각도 없는 그 자리가 바로 이것이었구나!"

겸우는 거듭거듭 확인했다.

이 일념불기처는 화두로 얻어지는 그런 자리가 아님을 알았다. 1700공안(公案, 화두)으로 다가가 찾아질 그런 곳이 아니었음을 알았다.

"그때가 언제였습니까?" 라고 내가 물었더니 선사는 "45세 정도였던 것으로 기억한다"고 했다.

선사의 속가 형님은 출가하여 만각 스님이 되었고 도반이 되어 주었다. 깨친 것을 더욱 확고히 하려고 한 3년간 보림(깨닫고 난 이후의 공부)하기 위해서 들어앉을 작정으로 요사채도 하나 새로 지었다. 만각 스님이 속가에서 목수였기에 요사채는 힘들이지 않고 지을 수 있었다.

겸우 선사는 옛날 함께 공부하던 도반 스님들에게 일념불기처一念不起處를 일러 주었으나 통하지 않았다. 총림(교육시설 등을 갖춘

큰절)의 강사들에게도 말해 보았으나 통하지 않았다. 모두들 운문, 덕산, 마조 등 역대 조사들이 내놓은 화두병話頭病에 단단히 중독되어 있었다. 그러니 들으려고도 하지 않았고 오히려 당신이 뭐길래 역대 조사가 인정하는 조사선(祖師禪, 중국의 조사들이 개발한 참선법.부처님 당시의 선은 여래선如來禪이라 함)에 흠집을 내느냐는 등의 반응을 보이니 그 업력과 습은 두꺼운 암벽과도 같았다.

  부처님이 정각을 이루기에 앞서 수많은 마장을 이겨내야 했듯이 법흥사에서 겪어야 했던 사건들도 많았다. 모두 깨달음에 따르는 마장이 아닐 수 없었다. 주지 4년을 지내는 동안, 도벌꾼과 싸우느라 고생했던 일(도벌꾼들의 농간으로 원주형무소에서 잠시 옥고를 치르기도 했다), 형님인 만각 스님의 가족들로 인해서 고초를 겪었던 일, 불교 정화운동으로 유치장에 갇혔던 일 등이 모두 마장이 아니라

3. 겸우 선사의 구도행

겸우 스님이 도를 깨쳤던 사자산 법흥사 적멸보궁. 스님 이후에 건립되었다.

고 할 수 없다. 겸우 선사는 시절인연이 아님을 알고 어딘가에 들어가 은둔하기로 하였다. 그는 보림하기 위하여 태백산 도솔암으로 자리를 옮겼다.

견성했다는 도반

선사가 태백산 도솔암에서 7년간 독거하였지만 어떤 때는 몇 명의 도반들이 모여 지낸 적도 있었다. C 스님과 그의 상좌, J 스님과 그의 상좌들과 같이 지내던 때였다.

어느 날 C 스님이 입을 열었다. "나는 드디어 견성했어요, 뭐든지 물어 보시오." 스님들은 그 말에 관심이 없는지 아무도 대꾸를 하지 않았다. 그러자 겸우 스님을 향해서 무엇이든 물으라고 하였다. C 스님은 경허 문중으로, 따지자면 겸우 선사와는 사숙지간이었다. 그래서 겸우 스님은 어쩔 수 없이 뭔가를 물어야 했다.

"일념불기처에서 공부하는 방법은 어떤 것입니까?"

C 스님은 뭐라고 답을 해야 할지 난감했다. 일념불기처라면 한 생각도 없는 자리이니 공부라는 것도 있을 수 없는데 어찌 거기다가 공부하는 방법이 있을 수 있겠는가!

이 장면을 보고 있던 D 스님이 끼어들며 "겸우야말로 견성했다"고 했다. 그러자 C 스님은 공연히 말을 붙였다고 생각했던지 그 이후로는 말이 없었다.

이를 계기로 D 스님은 겸우 스님을 따르게 되었으며 그 후 D 스님은 천축사 무문관(無門館;한 번 들어가면 문을 봉하여 정한 기간 이전에는 나올 수 없는 수행처)에 들어가서 살다가 6년 회향 3개월을 남긴 어느 날 종적을 감추었다고 한다.

내가 "왜 종적을 감췄을까요?"라고 묻자 겸우 선사는 "무문관에서 6년을 채우고 나오면 세상 사람들이 떠들어댈 것 아니겠소. 그러니 슬그머니 사라진 거지" 하시며 옛 도반을 생각하셨다.

고요적적한 열반의 자리

태백산 도솔암은 홍제사의 말사(큰절에 속한 작은 절) 암자이다. 홍점골에서 홍제사를 기점 삼아 1시간 20분 정도 오르면 도솔암이 있다. 산길이라고 할 만한 길이 없어 안내자 없이 찾아가기는 위험할 정도로 깊숙이 감춰진 절이다. 겸우 선사는 이곳에서 7년이란 긴 세월을 보냈다.

이곳은 선사에게는 일생 잊으려 해도 잊을 수 없는 곳이다. 아니 그가 이 사바세계에 태어난 보람을 얻게 된 곳이다. 그가 생사대사를 끝내고(깨달음을 얻고) 겁외劫外 소식을 얻은(견성한) 곳이다. 사자산 법흥사에서 일념불기처一念不起處를 알았지만 그곳의 모양이 어떻다는 것을 보지는 못했었다. 그런데 이 태백산 도솔암에서 독거정진 중에 문득 일념불기처 자리에 들어가 두루 살펴보게 되었다.

그는 깜짝 놀라지 않을 수가 없었다. 이 자리는 아무것도 없이 텅 비어 있었다. 그 끝을 알 수 없는 무한한 텅 빔. 한 물건도 없었다. 그 무엇이라 이름을 붙일 것도 없는, 본래무일물本來無一物이었다. 금생뿐 아니라 과거생 미래생을 보아도 텅 비어 있었다. 그뿐인가. 모든 상相 법法 식識 그 무엇도 발붙일 수 없는 고요적적한 열반의 자리를 보았다. 아무것도 없는 그 자리는 너무 광대하여 대지, 허공, 태양, 아니 온 우주를 삼키고도 흔적이 없었다. 그곳이 나와 뭇 생명의 본고장이며 항상 머물러야 할 자리임을 알았다. 육조 혜능이 『금강경』의 응무소주이생기심應無所住而生其

心을 듣고 깨친 그 자리였다. 과거 현재 미래를 이 일념불기처가 몽땅 삼켜버리고 말았다.

그리고는 어느덧 그 아무것도 없던 곳에서 우주만물이 꽃처럼

겸우 선사가 깨달음을 얻은 태백산 도솔암.

피어나는 대장관 법계일상(法界一相, 우주가 하나)을 보았다. 이 세상이 한 송이 거대한 꽃, 세계일화(世界一花)로 피어 있음을 보았다. 드디어 선사는 그가 그렇게도 바라던 법계실상(法界實相, 우주의 참모습)을 보았다. '내가 세상을 보는 자신의 눈을 볼 수가 없었는데 이제는 그것을 보았다.' 그 지혜의 안광으로 세속과 출세간의 정사(正邪, 옳고 그름)를 가려낼 수 있는 능력을 갖게 되었다.

마치 눈 밝은 농부가 논에서 벼와 흡사한 피를 골라내듯 말이다. 인도에서 우리나라로 불교가 전해지면서 잘못된 것들이 훤히 보였다. 부처님의 말씀인 경전, 그 어떤 것을 갖다 대도 거침없이 대의가 드러나 보였다. 경전 속의 뜻이 전도된 것들이 많음을 알게 되었고, 역대 조사들의 잘잘못이 훤히 드러났다. 선사의 얼굴은 희열로 가득 찼다. 삶의 실상과 부처님의 진실한 뜻을 비로소 알았기 때문이다. 그리고는 슬픈 마음이 들었다. 중국을 거

쳐 오면서 소위 역대 조사라는 자들이 부처님의 진실한 뜻을 훼손하고 중생을 오도하고 있는 것이 환히 보였기 때문이다.

우리나라 종사들이 이런 잘못을 그대로 받아 대를 이어가고 불자들은 맹목적으로 따라가고 있으니 슬픈 일이다. 공연히 깨달아 밝은 눈을 갖게 된 것이 슬픔을 배가시켰다.

도반들에게 자신이 터득한 본심을 보여주고 싶었다. 그러나 법흥사에서 일념불기처 소식을 전하려다가 오히려 역대 조사를 비난한다는 소리를 듣지 않았던가! 이번에도 또 그런 소리를 들을 것이 뻔하다. 그는 아무도 없는 이 태백산에서 돌과 나무들, 저 허공과 태양을 향해 외치고 싶었다. 그러나 겸우 선사는 곧 입을 다물었다.

나는 옛날 그때의 이야기를 하시는 선사에게 "왜 입을 다무셨습니까?"라고 물었다.

"깨쳤다는 속알머리를 가졌으니 그것도 망상이 아닌가!"

나는 '말길이 끊어진다는 것이 바로 이런 것이구나' 하는 생각에 몸을 가다듬었다.

당시 겸우는 다짐했다.

"나는 막 태어난 갓난아기 부처다. 나는 아직 힘이 없다. 무럭무럭 자라야 한다. 참으로 중생을 구제할 힘 있는 부처가 되기 위해서는 더 나아가야 한다."

4. 겸우 선사의 살림

"불법은 일체 상을 여의어야 한다.
거듭거듭 진사眞師는 자심自心에 있음을 설하고는
마지못해 하는 말, 사리 거두지 말라."

생화장 연습

선승들 간의 대화는 온통 도를 어떻게 닦느냐? 어떤 곳을 찾아가야 공부가 잘 되나? 어떤 선지식(깨친 자)을 만나야 하는가? 깨치고 나서 공부는 어떻게 하는가? 하는 것들이었다.

태백산 도솔암에 있을 때였다. 홍제사 스님이 도봉산 천축사에서 무문관無門關을 지어놓고 6년동안 들어가 수행할 수 있는 스님을 찾고 있다는 것이었다. 겸우는 '옳거니! 내가 그 속에 들어가 6년쯤 지내다 나와야겠다' 하며 주저 없이 천축사를 찾았다. 그곳에서 S, B 스님을 만나서 6년 결사를 앞두었으니 기도는 하고 들어가자고 해서 나한전에서 백일기도를 시작했다. 선승들은 서로 할 말이 별로 없다. 세간에서야 부모, 자식, 돈벌이 같은 할 이야기가 수두룩하지만 세속의 육락을 다 털어버리고 출가한 스님들이야 무슨 이야기가 있겠나! 선객들은 더욱 그러하다.

하루는 심심하여 생화장(산 채로 화장) 연습을 한다며 배꼽 위에 뜸을 뜨면서 누워 있었다. 뜸이 다 타 들어갈 즈음, 뜨겁다면서 B 스님이 말을 걸어 왔다.

"이런 법은 도대체 누가 내놓았을까?"

겸우 선사는 "일체유심조(一切唯心造, 일체는 오직 마음이 짓는다)인 부처가 내놓았지 누가 내놔?"

B 스님은 또 묻기를 "그러면 부처는 어디서 나와?"

겸우 선사가 답하기를 "내게서 나왔지 어디서 나와?"

B 스님이 다시 묻는다. "그럼 나는 어디서 나와?"

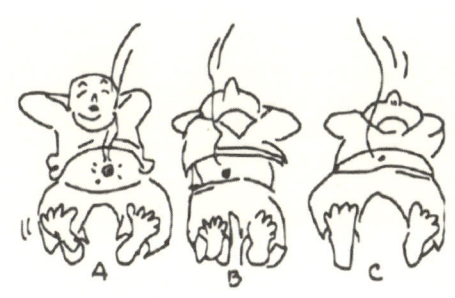

"없는 데서 나왔지."

B 스님은 어지간히도 따지고 물어 왔다.

"그러면 없는 것은 또 어디에서 나와?"

겸우는 더 묻지 말라는 뜻으로 "하나 더 하라고?"라고 답했다. 이때 같이 누워있던 S 스님이 말하기를 "젠장! 혹을 뗀 데다 혹을 되붙이려 하네" 했다.

내가 겸우 선사에게 그때의 답이 어떻게 된 것이냐고 했더니, "아무리 물어도 그 답은 없는 데서 나왔다고 할 수밖에 없는 것이지"하시고는 엷은 미소를 지으셨다.

그런데 천축사에서 지내던 어느 날, 겸우 선사는 한 신도와 주지 스님의 말을 엿듣게 되었다.

"스님, 요즘 고기가 영 안 잡혀요. 어떻게 하면 되지요?"

그러자 주지가 "아미타불 기도를 열심히 하면 고기가 잘 잡힐 겁니다" 하는 것이었다.

겸우 스님은 '세상에 저런 놈의 중이 다 있나. 살생을 도와달라고 부처님한테 기도를 하라고 하다니.' 겸우 선사는 '이런 곳에서 있어 봐야 무엇 하겠는가!' 하는 생각에 그날로 천축사를 떠났다.

제주도에서의 보림

 만각 스님은 겸우 선사의 속가 형님이시다. 형님은 사자산 법흥사에서 겸우 선사와 도반이 되어 수도를 함께했다. 그러나 속가 가족들과의 연줄을 끊지 못해 많은 어려움을 겪었고 그로 인해서 겸우 선사도 어려움을 겪곤 하였다. 태백산 도솔암을 떠나 행방을 감춘 것도 보림을 위해서는 더 이상의 마장을 만나지 말아야겠다는 생각에서였다. 태백산 도솔암에서 7년을 지내고 제주도로 건너간 것도 아무도 찾을 수 없도록 몸을 감추고자 했기 때문이다. 그는 진정 아무것에도 방해받지 않는 곳이 필요했다. 그가 찾은 곳은 한적한 바닷가인 제주도 조천면의 양진사였다. 그는 절 옆 허름한 민가의 뒷간을 헐고 그곳에 무문관을 지었다. 이 무문관은 문을 내지 않은 집이었다. 밥만 들여보내 줄 수 있는 창문 하나만 만들고는 사면을 돌로 쌓아버렸다.
 그 당시에 목수 하루 품삯이 사천 원이었는데 목수는 "내 생전 이런 집은 처음 지어봅니다. 도대체 누가 사는 집입니까?" 하고 물었다.

제주도 양진사 무문관(좌). 후에 창문을 크게 낸 모습(우). 2006.

"'세상에서 제일 죄 많이 지은 자가 살 집'이라고 했지요." 겸우 선사는 스스로 세상에서 제일 큰 죄인이라고 자처하고 무문관 속에 스스로 갇히기로 하였다. 연탄 아궁이도 집 밖에서 갈아 넣을 수 있게 하고 안으로 들어가서는 문을 잠가버렸다. 음식은 하루 한 번씩 양진사에서 넣어주었다.

그 속에 들어앉아 있으니 사람들이 창문으로 이것저것 들여보내곤 했다. 이들 중에는 구산, 일타 스님도 있었는데 종이에 글을 써서 들여보내기도 하고 제주도 신도들은 돈을 집어넣기도 했다. 원래 6년을 작정하고 들어갔는데 3년 만에 심장병을 얻어 나오게 되었다.

선사는 이 양진사 무문관으로 들어갈 때 보성 스님이 준 한 종사의 어록을 갖고 갔다. 평소 존경하던 스님이고 수행의 귀감이 되었던 총림의 조실 스님이기도 한 분의 어록이니 한번쯤은 읽어볼 생각이었다. 한 일 년쯤 지났을 때 선사는 창문가에 나무의자를 놓고는 어록을 보다가 놀라지 않을 수가 없었다. 그 어록

선사가 머무셨던 제주도 토평리
과수원 창고. 2008.

제주도 토평리 토굴에서 선사를 공양한
세 보살. 좌로부터 선덕행, 명성화, 해탈심.

속에는 이런 글이 있었다.

> 문수보살은 똥 퍼 나르는 놈
> 팔만대장경은 귀신의 명부
> 부처는 청정법계를 더럽히는 미친 도적, 생사고해에 빠져있는 죄인
> 삼세제불과 역대 조사는 모두 산 채로 지옥에 떨어질 대죄인

"역대로 어떤 다른 종교의 성직자 입에서도 이런 욕이 나온 적은 없어요. 그런데 불교 내에서, 그것도 최고 지도자인 종정이란 사람이 이런 욕설을 해댄 것을 보고는 분개하지 않을 수가 없었어요. 아무리 선승이라 하지만 불법승 삼보를 향해, 그것이 아무리 방편이라 한들 이런 말을 해서는 안 되는 것입니다"라고 그 당시의 일을 회상하셨다.

나는 선사께 "그 어록이 스님의 보림을 방해하는 마장이었네

요"라고 말씀드렸다.

"그렇습니다. 아주 큰 마장이었어요. 그렇지만 않았더라면 6년을 지낼 수 있었는데……." 하셨다.

선사는 부처님께 뵐 낯이 없어 몸을 떨었고 운문과 덕산과 같은 자들의 가풍에 젖어버린 한국 불교의 현실에 적잖게 실망하였다. 무문관 속에서 삼 년을 지냈는데 부정맥증으로 심장병이 악화되어 밖으로 나오게 되었다. 그 후 세법 스님이 있는 천왕사에서 요양을 하시고는 선덕행 보살의 토평리 외진 과수원 토굴에서 4년을 독거정진하였다.

미래 고혼은 있는가?

제주도에 머물 때의 일이다. 시식(施食;죽은 자의 영가 천도재)을 할 때는 시방삼세 무주고혼(無主孤魂;주인 없이 떠돌아다니는 혼백)을 천도한다는 말을 하였더니 한 처사가 물었다.

"스님, 과거와 현재의 고혼들을 한 자리에 불러 공양할 수는 있지만 미래의 고혼이야 아직 없는데 어찌 공양할 수 있습니까?"

선사는 참으로 질문할 만한 것을 물었다고 회고하시면서 "무량겁즉일념(無量劫卽一念;무량한 겁이 이 한순간에 있고)이며, 일념즉시무량겁(一念卽是無量劫;이 한순간 속에 무량한 겁이 들어있다) 아닙니까! 허공처럼 텅 빈 마음속에서야 어찌 과거 현재 미래로 나눌 수 있겠어요? 이 무변법계(無邊法界;다함이 없는 넓은 세계)는 하나로 통했기 때문에 미래까지도 다 이 속에 들었어요. 다시 말하면 시방삼세(十方三世;모든 공간과 시간의 세계)를 하나로 본다, 이것입니다."

"시방을 봅시다. 동서남북을 보는 놈은 하나 아닙니까! 어제, 오늘, 내일 보는 놈도 쪼갤 수 없는 하나 아닙니까! 쪼갤 수 없다면 하나 아닙니까! 이렇게 불교는 역사와 생사를 초월한 것입니다. 이러니 미래의 고혼이 빠질 수 있겠습니까!"

"그런데 나중에 알고 보니『천지팔양경』(우리나라 절에서 많이 독송하는 경전)을 외운다고 합디다. 그『천지팔양경』은 감언이설로 유혹하는 마설魔說입니다.『천지팔양경』에는 '이 말이 부처님 설이 아니라면 백납양병에 걸려 하룻밤[一夜]에 만 번 태어나고 만 번 죽는[萬生萬死] 고통을 받는다'고 했어요. 세상에 어떤 부처님이 이런 악담을 할 수 있겠습니까? 생각해 보세요. 부처님은 증애(憎愛;미움과 사랑)가 끊어지고 취사取捨가 끊어져서 이런 말씀은 절대로 안 합니다. 속인도 남에게 앙심을 가져서는 안 되는데 하물며 부처님이 이런 말을 하셨겠습니까? 이 경을 세 번만 외우면 무간지옥도 면한다고 했는데 그렇다면 누가 힘들게 참선을 하겠어요! 말도 안 되는 마설이 불자들 사이에 암송되고 있으니 개탄하지 않을 수 없어요."

겸우 선사의 활동 무대

선사의 세수 84세였던 어느 날 안성 석남사에서 저녁에 법담이 있었다. 이 자리에는 나와 같은 교수도 있었고 대학생과 스님들 10여 명이 있었다. 선사가 묻기를 "인간이 한세상을 사는데 없어서는 살 수 없는 보물이 셋이 있는데 무엇이오?"했다.

스님들의 질문에는 답하기가 쉽지 않은데 한평생을 도만 닦은 선승의 물음은 더욱 그렇다. 우선 무엇을 묻는지를 알아차려야 하기 때문에 여간 힘들지가 않다. 또 답을 한다 해도 맞았다고 하는 경우가 드물다.

'자성'이란 분도 있었고, '견문각지(見聞覺知, 보고 듣고 느끼고 아는 것)'란 분도 있었다. 그러자 선사는 "시간만 보낼 수 없지"하면서, "태양, 허공, 대지입니다"라고 하셨다.

"이 세 가지가 없는데 어떻게 삽니까? 저 화신불인 석가모니

부처님도 이 셋 없이는 못 삽니다."

그런데 이것은 너무 평범한 답이어서 선사가 왜 이런 것을 물었을까? 라는 생각이 들었다. 그런데 선사는 금방 말을 바꾸어 "이 중에서 하나를 빼고도 나는 살 수가 있어요" 하는 게 아닌가. 대중은 그게 무슨 소린가? 의아해했다.

그러자 선사는 이 질문에 얽힌 제주도의 한 스님 이야기를 꺼냈다.

"아 글쎄, 그 스님이 그것 하나를 여의고 어떻게 살 수가 있습니까?"라고 물어요. "거-참-." 선사는 한심하다는 표정을 지으면서 "왜 못 살아요. 저 도리천(욕계의 여섯 하늘세계 중 하나)에만 올라가 보시오. 그곳은 여기서 보는 해와 대지가 없어요. 살 수 있고 말고요."

그것 때문에 그 스님과 언쟁까지 했다고 한다. 나는 생각했다. '그렇지! 서로 사는 세계가 다른데 그럴 수 있을 것이다. 겸우 선사는 도리천을 들락날락하며 사시니 그럴 만하고, 그 스님은 아직 도리천 구경을 못하고 이 지구 덩어리에 박혀 살림을 차리고 있으니 그렇게 말할 수밖에 없었겠다.'

나는 선사가 몇 년 전에 영월암에서 일러준 선사의 주소[劫外國 無爲道 虛空郡 無着面 無住里 無名漢 無邊法界 生死無二 無相法施]를 다시 한 번 떠올려 보았다.

이상한 아침 운력

겸우 선사는 스스로를 무식한 노승이라고 자주 표현하셨다. 외람스럽긴 하지만 속된 말로 선사는 세속의 일만 무식한 게 아니라 절집안 일에도 무식한 구석이 적지 않았다. 주지 소임을 맡아 살아본 것이 법흥사에서의 4년이 전부다. 그것도 50여 년 전의 일이다. 그 후로는 산속 깊숙한 곳의 선방과 토굴에서만 살다보니 요즘의 절집 사정에 대해서는 너무도 무식했다.

선사가 세수 83세 때였다. 이천 영월암에서 아미타불을 모시는 미타전(아미타불을 모시는 법당) 불사가 회향(불사의 준공)되던 날 아침이었다. 나는 정무 스님이 전날 들어오라고 해서 절에서 하루를 자고 아침 공양을 들었다. 정무 스님도 대선사이신 전강(田岡) 스님의 상좌였고 평생 겸우 선사와 도반이어서 그런지 물 흐르는 대로 사시는 분이다. 나에게 잠깐 놀러 오라고 하고는 대중들 앞에서 한 시간 정도 강연을 시키기도 하고, 사중의 중요 행사인데도 "그냥 한번 와보세요"라고만 한다. 그래서 가

새로 낙성한 이천 영월암 미타전(우).

겸우 선사(좌)와 정무 스님.

보면 거창한 행사가 있는 날이기도 하였다.

그날도 정무 스님은 낙성식을 거행하기 위해 겸우 선사를 초청하여 모셔왔고, 요사채 큰방에는 하루 전부터 많은 분들이 와 있었다. 그런데 이게 웬일인가? 아침 공양 후에 차를 마시다가 겸우 스님이 크게 화를 내시면서 당장 내려간다고 하셨다. 그뿐 아니라 정무 스님의 상좌와 신도들이 있는 좌중에서 큰 소리로 정무 스님을 나무라는 것이었다.

"정무 스님 보시오. 왜 조막만 한 부처를 만들어 신도들에게 팔아먹는 거요? 상相을 없애야 할 판국에, 불상 하나도 어쩔 수 없어서 모시고 공부를 하는 것도 부처님께 송구스러운데 불상佛像을 돈 받고 팔아? 몇십만 원씩 받고 팔다니, 당장 저 불상들 치우지 않으면 난 내려갑니다."

나는 70이 가까운 큰스님이 호되게 야단맞는 것을 처음 보았다. 선사께서 아침 공양 전에 산책을 하면서 아미타전을 둘러보시던 중에 새로 조성한 '아미타부처님' 옆에 모셔진 30여 개의 자그마한 불상들을 보신 것 같았다. 그 불상들은 미타전 불사에 동참한 신도들이 조성한 것이었다. 정무 스님은 잘못했다고 용서를 빌며, 우리들에게 불상 철거 운력(노동)을 시켰다.

　나는 참으로 난감했는데 희한한 아침 운력을 하면서 많은 것을 느꼈다. 현실과 진실 사이에는 많은 거리가 있다는 것을 말이다. 나는 선사를 내가 다니는 절에 모셔서 신도들에게 진실한 불법을 전하고 싶은 생각이 간절했다. 그러나 그럴 수가 없었다. 왜냐하면 우리 절에는 30개의 백 배나 되는 조막만 한 삼천 개의 불상이 법당 벽을 가득 메우고 있으니 말이다.

　나는 정무 큰스님을 다시 보게 되었다. 신도들이 보는 앞에서 겸우 스님의 야단을 그대로 받아들이는 모습에 감탄하였다. 참으로 존경하지 않을 수 없는 두 큰스님이었다.

점심 먹겠다는 생각

정무 스님은 영월암 주지 소임을 마치면 토굴을 하나 지어 겸우 선사와 함께 여년을 보내려고 충북 괴산에 정토사라는 자그마한 암자를 세웠다. 이 암자의 낙성식 법회에서 겸우 선사는 불이지법不二之法을 설하셨다. 선사는 "『금강경』을 제일 잘 안다고 자처하는 덕산 스님이 노파의 떡을 못 얻어먹은 것은 덕산이 일념불기처를 몰랐기 때문"이라고 했다.

청중 가운데에는 서울대 불이회의 젊은 교수가 한 분 있었는데 그는 오랜기간 참선 수행을 했다. 그는 설법이 끝나자 나에게 겸우 선사를 만나뵐 수 있게 해달라고 했다. 나와 그는 선사가 머무는 방으로 들어갔다.

그 교수가 선사에게 물었다. "'일념불기처一念不起處'에서 점심할 생각은 무엇이 내는 것입니까?"

"'일념불기처'에서 한 생각 일으켜 나왔지요"라고 선사가 말했다.

그 이후로 선사는 나를 보면 가끔 그 교수와의 질문을 상기시키곤 하였다. 백 번을 물어도 그 답은 '일념불기처'일 수밖에 없다고 말씀하셨다.

"'일념불기처'에서 한 생각 내면 먹는 것 아닙니까! 물을 것도 없는 것 아니요? 그 자리에서 덕산 같으면 방망이질을 했을 것이요. 임제 같으면 '할('억'소리를 지름)'을 했을 것입니다. 그러면 방망이질을 하는 놈은 누구며 맞는 놈은 누구냐? 이 말입니다.

할을 하는 놈은 누구며 듣는 놈은 누구냐 말이요? 그러나 나는 그런 법을 쓰기는 싫어요. 덕산의 그 방망이는 저 마을 아낙의 빨래방망이 만도 못한 것이고 임제의 할은 저 마당의 개 짖는 소리 만도 못한 것이야. 노파에게 한 마디 대답도 못하고 쫓겨간 자가 방망이는 무엇을 위한 방망이냐 말이요. 나는 그런 방망이는 안 써요."

떡을 얻어먹는 방법

'점심點心'이란 말은 마음에 점을 찍는다는 고사에서 유래되었다.

"『금강경』에 통달한 덕산 스님이 남방으로 가던 길에 점심을 하려고 떡 장수 노파에게 다가갔어요. 노파가 이렇게 물었어요. 『금강경』에는 '과거 현재 미래의 마음도 얻을 수 없다는 말이 있는데 스님은 어느 마음에 점을 찍으려 하십니까? 말씀해 주시면 떡 공양을 그냥 드릴 것이요, 대답을 못하시면 점심은 다른 데 가서 하셔야 합니다.'

여기서 덕산은 꽉 막혔어요. 마음자리를 못 보았으니 답을 할 수가 없었던 것입니다. 본심을 보았다면 아주 간단한 문제입니다.

과거 현재 미래가 둘이 없는 무심無心에서 점심을 하려 한다

라고 답을 하면 되는 것입니다."

'어떤 것이 과현미가 둘이 없는 무심입니까?'라고 노파가 다시 물어 오겠지요. 그러면 '유심有心 무심無心을 둘로 나눌 수 없는 본심本心이다'라고 하면 될 것입니다.'

또 노파가 '둘로 나눌 수 없는 것은 또 무엇이오?'라고 물으면, '한 생각 일으키지 않는 일념불기처에서 점심을 하려 한다'라고 하면 될 것 아니오. 그러면 노파는 더 이상 물을 수 없을 것이며 떡 공양을 안 할 수 없을 것입니다."

현실이 진리인가?

선사는 괴산 정토사에서 설법하는 중에 '현실이 진리'라는 말에 대하여 한 말씀을 하셨다.

"요새 여러분 중에는 '진리가 현실'이요, '현실이 진리'라는 분들이 많아요. 언뜻 보면 그럴 듯도 하지요. 그러나 이 말은 아주 잘못된 것입니다. 이는 곧 『반야심경』에 나오는 '물질이 허공이요 허공이 물질이라는 것'과 똑같아요. 이렇게 알아서는 불법의 진리를 알 수가 없어요. 이렇게 알면 아나마나요, 차라리 모르는 것이 더 낫습니다."

"태양광선은 만상을 나타내니 태양광선이 만상이요, 삼라만상이 태양이라고 하고, 허공 속에 삼라만상이 들어있으니 허공이 삼라만상이라고 하나 전혀 그렇지 않습니다. 허공이 삼라만상이 아니고, 허공이 곧 태양이 아니고 태양이 허공이 아닙니다. 허공이 태양을 못 나타내고 태양이 허공을 못 나타냅니다. 태양이 없으면 어둔 허공 밖에 더 나타낼 수 있느냐 말입니다. 그러니 허공이 태양이 아니고 태양이 허공이 아니란 말입니다. 그럴진대 허공이 삼라만상이 아니고 삼라만상이 허공이 아니며, 태양이 삼라만상이 아니고 삼라만상이 태양이 아니란 말이요."

"그러니 불교에서는 현실을 여읜 것이 진리입니다. 현실뿐 아니라 과거 미래까지도 몽땅 여읜 것이 진리입니다. 현실은 언제든지 바뀔 수 있는 것입니다. 바뀌는 것을 어찌 진리라 할 수 있겠습니까? 바뀌는 현상을 보는 본심만이 진리입니다. 왜냐하면 태양을 보나 허공을 보나 보는 그 본심은 항상 바뀌지 않기 때문입니다."

이런 선사의 말씀에 부연설명이 필요할 것 같다. 왜냐하면 눈에 보이는 사회현상은 허구나 허상이라고는 할 수 없기 때문이다. 배가 고프면 뭔가를 먹어야 하고 전화가 오면 받아야 하고 기차표를 샀으면 기차를 타야 한다. 이것이 현실인데 어찌 이것을 부정할 수 있단 말인가.

현실과 대비되는 것이 꿈이다. 모두들 꿈 같은 세상이라 하고 빨리 꿈을 깨라고 한다. 그러나 꿈도 꿈속에서는 현실이다. 그리고 과학을 빌려 설명하더라도 뇌가 관여하는 정신작용이다. 현실에서 빨갛게 익은 사과를 보고 느끼는 뇌신경세포나 꿈속에서 보고 느끼는 뇌신경세포는 허구가 아니다. 그러나 사과, 신경세포 그리고 신경세포가 만들어 내는 신호들은 그것을 인지하고 맛있는 사과라고 알아차리는 놈인 주체가 없을 때는 무슨 의미가 있겠는가!

아무런 의미도 없는 것을 진실이라고 할 수는 없지 않느냐, 이 말이다. 인지하고 알아차리는 마음이야말로 진리인 것이다. 진리는 어떤 상황에서도 변함없이 작용하고 있어야 하기 때문이다. 우리들의 본심은 현실과 꿈속에서도 항상 작용하며 활동하고 있다. 그런고로 불교에서의 진리는 현실이 아니고 현실에 매이지 않는 본심인 것이다.

불교의 대의

겸우 선사께서는 영월암 법담회에서 대중의 질문에 답하셨다. "인간으로서 인간의 대의大義 하나는 알아야 할 것이니, 어떤 것을 대의라고 할 것인가? 인간을 교화할 사명을 띤 종교인이라면 종교적 대의 하나는 알고 믿어야 할 것이니, 어떤 것이 종교적 대의인가? 죽지 않고 살려는 것입니다. 이것이 대의가 아니라면 각 가정이나 국가나 살림을 할 까닭이 없을 것입니다. 진실로 만물의 영장인 인간의 대의를 아는 사람이라면 죽지 않고 살기 위해 물질의 노예 노릇은 할지언정 죽고 죽이기 위해 물질의 노예 노릇은 하지 말아야 합니다. 이 노한이 불자로서 말하는 불교의 대의는 모든 인간이 다 같이 영원히 죽지 않고 사는 것입니다. 인간의 본래면목을 찾아주려는 것이 불교의 대의이니 인간의 대의와 불교의 대의는 같습니다. 왜냐하면 태란습화생(胎卵濕化生;태로, 알로, 습기로, 둔갑한 것으로 하여 생긴 생명체)인 사생四生 중에 어떤 것인들 사생자부四生慈父의 불자(佛子;부처의 자식)가 아니겠습니까! 그렇지만 인간이래야 불법을 알아듣고 깨달을 수 있는 것이지 짐승은 아무리 큰 짐승이라도 말귀나 선악을 분간 못하는 중생들이기 때문입니다."

대웅전, 대각전

겸우 선사는 평소 경전 속에 잘못된 부분이 많다고 지적하시면서 어떤 부분은 아주 심각해서 불법을 죽이는 일이라고 하셨다. 이것은 주로 불교가 중국을 거쳐 들어오면서 잘못된 것이다. 선사는 경전뿐 아니라 '석가모니 부처님'을 모시는 전각을 '대웅전'이라고 하는 명칭도 잘못되었다고 하셨다.

정무 스님이 안성 석남사로 오시면서 도량의 면모를 바꾸는 큰 불사를 하셨다. 여기저기에 패널로 지은 가건물들을 철거하고는 그 자리에 ㄱ자 모양의 요사채(스님이 거처하는 곳)를 지었다. 효孝를 강조하시는 스님인지라 『부모은중경』을 새긴 효행탑도 세웠고 축대를 높이 쌓아 누각도 세우는 큰 불사를 하고는 2004년 여름에 회향하게 되었다. 이때 87세인 겸우 선사를 모시고 회향법회를 가졌다.

법회는 대웅전에서 있었고 많은 신도들이 모여 앉았다. 선사가 설법대에 올라 불사를 훌륭히 마무리한 정무 스님의 노고를 치하하시고는 어렵지 않은 진정한 불사 하나를 부탁하겠다고 했다. 대중들은 귀가 솔깃했다.

"이 불사는 돈이 드는 것도 아닙니다. 그것은 다름이 아니라 글자 한 자를 바꾸는 불사입니다. '대웅전大雄殿' 석 자 중에서 가운데 글자 '수컷 웅雄'자를 '깨달을 각覺'자로 바꾸는 불사입니다."

'대웅전大雄殿'이란 현판을 내리고 '대각전大覺殿'이라는 현판으로 바꾸라는 것이다. 선사는 정무 스님을 바라보고 계셨다. 한동안 침묵이 흘렀다.

"할 거요, 안 할 거요?"

선사는 자꾸 다그치시는데, 정무 스님은 계속 함구하고 앉아만 계셨다. 선사는 계속하셨다.

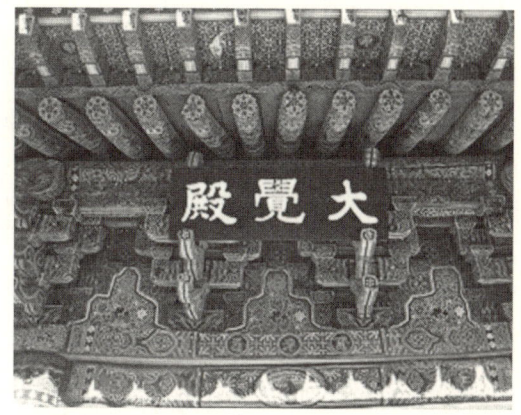

대웅전 현판을 떼어내고 대각전 현판을 단 안성 석남사 법당.

"우리 대자대비 '석가모니 부처님'이 어찌 영웅입니까? 그는 미물 중생의 생명도 해치지 않고 뭇 중생의 종노릇을 하기 위해 왕위에도 오르지 않고 출가한 분입니다. 그리고 설산에서 육 년 고행 끝에 '대각大覺'을 이루신 분입니다. 그러니 의당 '대각전'이라고 해야 부처님을 바로 모시는 것입니다. 아니면 '여래전', '대자전'이라 해야지요.

여러분, 무엇을 영웅이라고 합니까? 전쟁터에서 사람 많이 죽인 그런 자, 진시황, 동족상쟁의 살인마 김일성, 그런 자들을 부르는 호칭 아닙니까!"

선사는 전통사찰의 주지 소임 같은 것은 안중에도 없었다. 사실 문화재로 등록된 전통사찰의 '대웅전'이란 현판을 '대각전'으로 바꾸는 것은 간단한 문제가 아니다. 대웅전 마룻바닥 하나만 고치려고 해도 문화재 당국의 허가가 있어야 하는데 주지인들 어찌 하겠는가! "그런 것도 못한다면 무슨 대포교사요?" 막 야단이셨다. 일생을 포교에 전력하고 있는 70세가 넘은 정무 스님이 듣기에 참으로 거북한 말씀이었다. 선사는 딴 이야기는 안 하고 정무 스님만 몰아세웠다. 이날 설법은 '대각전 현판' 설법이 되고 말았다.

"만일 이 불사를 들어주지 않는다면 나는 정무 스님과의 40년 인연도 끊을 것이요." 선사의 최후통첩이었다. 이 말씀이 떨어지자 정무 스님은 입을 열었다. "한 달 안에 바꾸겠습니다."

드디어 정무 스님이 백기를 들었다. 청중들은 일제히 박수를 쳤다. 몇 달이 지나 겸우 선사가 석남사의 새 요사채로 거처를 옮겨 오셨다고 해서 석남사를 찾았다. 정말 대웅전 현판 대신에 '대각전'이란 현판이 걸려 있었다.

선사는 역대 조사들이 못하고, 우리나라에 불교가 전래된 이래 역대 고승들이 못한 불사를 우리 정무 스님이 해냈다고 흡족해 하셨다.

나는 은근히 걱정이 되었다. 언제 문화재 담당자들이 대웅전으로 원상복귀하라고 할 것인지 말이다. 그 관리들에게는 현판의 뜻은 관심이 없고 옛것의 보존만이 목적이기 때문이다. 나는 선사가 입적한 후 선사의 49재를 올리는 그 '대각전'을 찾아 선사와 이별의 예를 갖추고 '대각전'을 나서며 현판을 쳐다보았다. '대각전' 현판은 간 곳이 없고 다시 대웅전 현판이 달려 있었다. 참으로 아쉬웠다. 그러나 내 마음속에 새겨진 '대각전' 현판은 그대로 걸려 있다.

나는 '대웅전'이란 말이 벌써 위대한 성자 부처님을 모시는 대명사로 굳어져 있는 마당에 굳이 글자의 뜻을 따져 '대각전'으로 바꿀 필요가 있는 것일까 생각해 보았다.

일반 사람들은 큰 영웅하면 누구를 떠올릴까? 내가 겸우 선사의 말씀을 글로 옮기는 마당에 어떤 근거가 있어야 할 것 같아서 '세계 영웅'이란 단어를 넣어 인터넷 검색을 해보았다. 그 결과 석가, 예수, 공자, 노자 같은 이름은 나타나지 않았고 칭키스칸, 나폴레옹, 시저, 알렉산더 대왕, 아틸라, 티무르, 진시황, 오스만 1세, 벨리사리우스, 콘스탄티누스, 고선지, 리엄 윌리스, 넬슨, 엘시드 등 전쟁터에서 활약한 장군들이 나타났다.

'대웅전'도 '대각전'도 모두 현실이고 진리가 아니니 그냥 없던 일로 하는 것이 부처님의 가르침을 따르는 불자들에게 과연 맞는 일인가?

닭소리, 목탁소리

세수 83세 가을에 선사는 이룸사에서 설법 도중에 서산 대사가 닭 우는 소리를 듣고 깨쳤다면서 "그 닭소리가 닭에서 나왔느냐? 아니면 서산 대사의 마음에서 나왔느냐?"고 대중을 향해 물으신 적이 있다.

나는 그 당시 일체유심조一切唯心造를 떠올리며 서산 대사의 마음에서 나왔다고 답했다. 그랬더니 선사는 "그러면 닭은 관계가 없겠네?" 하시니 말문이 막혔다. 어떤 거사가 "닭에서 나왔다"고 하니 "그 말이 맞다"고 했다.

지금 선사가 다시 물으신다면 나는 서슴없이 없는 데서 나왔다고 답할 것이다. 어떤 소리든 났다가 없어져 생멸하는 것, 듣는 마음도 듣고 싶을 때는 있고 안 듣고 싶을 때는 없으니 생멸하는 것이다. 생멸하는 것이 생멸하는 소리를 낸 것이니 진정한 소리의 근본이 아니다. 소리의 근본은 생멸을 몽땅 여읜 본심이다.

본심에는 모든 것을 여의었으나 한 생각 동하여 목탁, 치는 행동, 치는 사람, 소리가 생겨났고 그것을 듣고 깨치는 행이 생겨났다[一念生種種生]. 그러니 그 근본은 하나이며 그 하나는 없는 곳이다.

50년에 한 살 먹는 선사

함양 이룸사에서 『반야심경』을 설하실 때의 일이다.

"오늘이 내 생일이야!"라며 생일 법공양을 하시겠다며 설법을 하셨다. 말씀 중에 느닷없이 "생일이 중요한가? 출가가 중요한가?" 하시며 나를 보셨다. 스님은 출가함으로써 세속의 인연을 버리고 부처님의 자식으로 다시 태어나는 것이니 출가가 더 중요할 것이 뻔하다. 그래서 나는 출가가 더 중요하다고 했다.

"그렇지요. 석가모니 부처님이 출가를 안 했다면 인도의 작은 나라에 불과한 마갈타국의 태자 이름이 알려졌겠습니까! 출가를 하여 생사가 둘이 없는 법을 터득하였으니 그 이름이 온 세상에 알려지고 오늘날까지 빛나는 것입니다."

"나는 환갑도 진갑도 모르고 지냈어요. 그런데 어느 날 생각해 보니 나이 팔십이 되었어요. 그런데 태백산 도솔암에서 생식을 하다가 이가 부러져 산을 내려오니 한 보살이 나를 치과로 데리고 갔지요. 그때 간호사가 생일과 이름을 묻는단 말이야. 그래서 일러줬더니 옆에 있던 그 보살이 생일을 기억했나 봐요. 그 이후 일출암에 있을 때인데 어느 날 길상화가 진수성찬을 차려 놓고 자꾸 절을 한단 말이야. 그래서 내가 '아니 느닷없이 왜 절을 하느냐?'고 물었지요. 그러자 '스님, 오늘이 스님 생신입니다'라고 말하는 거예요. 그래서 생일이 알려졌고 신도들 모였으니 생일 법공양을 하는 것입니다. 생사 없는 도리를 터득하기 위해 출가한 중에게 생일이 어디 있습니까?

전 교수, 그러면 왜 '석가모니 부처님' 생일인 4월 초파일은 온 세상이 떠들썩하냐고 질문해 보시지요?"

"우리는 '석가모니 부처님'이 2600여 년 전에 태어나신 것으로 알고 있지만 그 전에 벌써 8000번이나 왔다 가신 것입니다. 그러나 오고 감이 없습니다. 스님이 생일에 마음을 두면 신출가身出家도 못 한 것입니다. 마음까지 출가를 해야 진정한 출가입니다."

　재미있는 놀이에 빠지면 세월 가는 줄 모른다. 신선놀음에 도끼자루 썩는 줄 모른다는 말도 있다. 하물며 본심자리에서 사는 선사의 살림살이에서야 세월의 흐름이 무슨 의미가 있겠는가!

　선사는 29세에 출가를 하여 89세에 가셨으니 법랍 60년을 사셨다. 출가 이후 50년이 지나서 생일을 생각했으니 그는 두 해도 이 사바세계에 머물지 않고 갔다는 말이 된다.

나는 사리를 안 낸다

　정무 스님은 "선사님을 절 밖에서 돌아가시게 할 수는 없는 것 아니요?" 하면서 아파트에 독거하시던 겸우 선사를 절로 모셔와 함께 지낸다며 두 번의 불사를 했다. 한 번은 충북 괴산에 '정토사'를 지었고 최근에는 안성 '석남사'에 자그마한 요사채 하나를 지었다. 그런데 선사는 정무 스님의 뜻을 받아들이지 않았다. 87세의 노선사는 석남사로 오시지 않고 창녕 영봉산 월봉사로 옮기셨다. 그래서 정무 스님과 몇몇 신도들이 선사를 모셔오려 그곳을 찾았다. 스님과 신도들은 선사에게 "스님, 스님은 속가의 자식도 없고 시봉할 상좌 하나 없는데 어찌하려고 이 깊은 산중에 계십니까?" 하면서 교통이 편하고 자주 들러볼 수 있는 석남사로 오셔야 한다고 했다. 그리하시기를 재삼 간청했으나 끝내

허락치 않으셨다. 나
는 그날의 일을 '선승
의 살림'이라는 글로
적어 놓았다. 그것을
여기에 옮겨본다.

선사를 위해 마련한 안성 석남사 요사채.
선사는 몇 개월을 머무셨다.

   87세의 노선승 겸
우, 72세의 정무,
    두 분의 특별한 도
반 인연
    석남사 양지바른 곳에 노승을 모시려
    아담한 요사채 마련하였다.
    택일하여 모시려 하니 선승은 어디론가 사라졌네!
    정무 스님 아쉬움 대단한데
    그것이 불가의 살림살이인 것을 어찌하랴.

    어느 날 노승의 거처를 아시고는
    선사를 따르는 몇몇 대중 불러, 천 리 길 달려가
    엎드려 하화중생 위해 정무 스님 뜻 따르길 간청하니
    퇴락한 토굴이 선승의 본분사에 적소라 하신다.
    재정 삼정에도 뜻을 굽히지 않고
    진사眞師는 자심自心에 있다 하시니
    평생 상좌 하나 안 두시고

꺾이지 않는 높은 뜻 청정한 노승을
70대 노구에도 몸소 시봉하려 작심한 정무 스님의 지극함이
곧 정법안장 향한 행의 설법일세.

정무는 양거兩車를 준비하여 오르기를 권했는데
일거一車는 괴산 정토사 은거銀車였고
이거二車는 안성 석남사 금거金車인데
이 모두를 뿌리치신다.
겸우는 월봉 금강거金剛車 타고 계시면서
은거, 금거 집착 버리고 금강거 타고 같이 가자하였네.
달도 쉬어 갈 만한 높은 곳에 자리 잡은 월봉사
가파른 산 정상, 눈만 오면 닿을 수 없고
변변한 밭 한 떼기 없는 곳, 노승이 머물기엔 너무도 거친 곳
병 나시면 보살필 수 있고 법을 갈구하는 중생들 위해 준비한
안락한 금거에 타시길 재청 삼청 하였는데
안 간다! 막무가내다.

불법은 일체 상을 여의어야 한다.
거듭거듭 진사眞師는 자심自心에 있음을 설하고는
마지못해 하는 말, 사리 거두지 말라
그래도 못 믿어 나는 사리를 안 낸다 하시는데
견見은 부동不動이며, 견은 견처見處를 버려야 한다는 설법
견에 주하여 사는 본분사 외엔 관심 없는 선승의 살림살이

선지식 향한 상구보리 하화중생밖에 관심 없는 정무 스님의 살림
부동의 자리에서 발하는 빛이 쌍무지개 되어 세상을 장엄하는구나!

하화중생 일념으로 칠십 평생 보낸 정무를
부동의 금강좌 구하지 않고 헛일한다고 꾸짖으니
칼날 같은 정법의 당처
중생업 가득한 나, 감히 근접하기 아득하구나.
하산 길, 피로한 몸 부곡온천에 담그고
이것저것 씻어내고
늦은 밤 석남사 돌아와 차 한 잔 마셨네.
빈 수레로 돌려보낸 것 안 되었던지
두 달 후 잠시 머물러 금강거를 내려온다는 선승의 자비심
기쁜 소식을 전하는 정무 스님
『능엄경』 열심히 공부하여, 능엄 진수 증득하길 당부하시니,
귀의 불, 귀의 법, 귀의 승.

5. 선사가 말하는 견성의 길

"없는 것을 보라"

"화두 들지 말라"

"진정한 스승은 자신의 마음이다"

"이렇게 하면 견성합니다"

계를 지켜라

출가, 재가 불자를 막론하고 도를 닦아 성불하고자 하는 자는 반드시 계를 지켜야 한다. 특히 살생계를 범하고 도를 이루고자 하는 것은 어리석다. 참선하는 스님들이 계를 우습게 아는 것은 아주 잘못된 것이다. 도둑질한 것은 돈으로 갚을 수 있지만 살생한 빚은 생명으로 갚을 수밖에 없다.

위법망구 爲法忘軀하라

도는 쉽게 얻을 수 있는 것이 아니다. 신명을 다해야 한다. 석가모니, 달마, 혜가, 육조 모두 목숨 내놓고 공부하여 도를 얻었다. 공부는 역경을 당해야 더 깊어진다. 깨달아가는 데는 마장이 심하다. 마장을 이겨내라.

없는 것을 보라

없는 것이 도의 근본이다. 기도, 참선도 모두 없는 것을 보기 위함이다. 없는 것을 보아야 견성한다. 무념無念으로 종宗을 삼고, 무상無相으로 체體를 삼으며, 무주無住로 본本을 삼으라 한 것을 명심하라. 없는 것을 본다 함은 내 눈으로 내 눈 보는 것과 같다. 있다는 것은 있다고 생각을 일으키는 놈이 있기 때문이다. 아예 한 생각도 일으키지 않는 본심은 있다. 본심에는 있다 없다는 분별이 없으니 본심을 보지 않고는 해탈할 수 없다.

가를 여의라

없는 놈을 보는 방법이 있어야 한다. 그 방법은 가를 여의는 것이다. 사상(四相; 아상, 인상, 중생상, 수자상)을 여의도록 힘써야 한다. 『금강경』 사구게가 바로 그것이다.

눈과 광명을 여의고 보는 놈이 그것이다. 잔가지를 여의고 뿌리에서 닦아야 한다. 현실을 여읜 놈을 보라. 현실은 온갖 상相으로 가득하다. 무상을 체體로 해야 하는 본래무일의 본심자리에는 현실이 있을 수가 없다. 어찌 현실뿐이겠는가. 과거 미래도 없다.

화두 들지 말라

없는 것을 보아야 하고, 한 물건도 없는 본심을 보아야 견성이고, 보는 그놈이 곧 부처인데 그 마음이 동하여 만들어놓은 화두에 매달리는 것은 공연한 헛수고이다. 부처와 달마, 혜능이 언제 화두를 들고 견성했나!

조사선 운운은 망상만 기르는 것이다. 여의고 없는 것을 보라. 꼭 화두를 들어야 공부가 된다고 우긴다면 활 화두를 들어라. 활 화두는 경전 속에 무수히 많다.

조사들의 말에 속지 말라

부처님도 자기가 깨달아 본 것을 갖고 설법을 했다. 못 보고 본 체하는 조사들 수두룩하다. 바른 경전에 의존할 것이지 본심을 못 보고 본 체하는 조사, 선사, 큰스님들의 말에 속지 말라. 길을 잘못 들면 엉뚱한 곳에 이르게 된다. 진정한 스승은 자기 속에 있다.

기도하여 업장을 녹여라

없는 것을 못 봄은 무시겁 이래로 쌓인 업장 때문이다. 업장을 녹이기 위해서는 기도를 하라. 석가모니 정근을 하라. 석가모니 부처님이야말로 마음 닦아 성불하는 법을 만든 분 아닌가! 석가모니 부처님으로 인해 많은 부처님을 알게 되었으니 석가모니 정근을 해야 한다.

신통을 구하지 말라

부처가 되면 6신통을 얻는다. 그러나 도를 구하는 자는 신통을 구해서는 절대로 안 된다. 만일 신통이 도道라면 마등가를 보라. 그는 5신통을 하였으나 마왕 파순이라 불리고 있다. 도인이 구할 것은 신통에 걸리지 않는 본심임을 명심하라.

진정한 스승은 자기의 마음이다

불교는 자기 마음을 깨달아 성불하는 것이다. 자기 마음은 자기가 알 뿐 남이 어찌 알겠는가! 자기 마음 밖에서 부처를 구한다면 부처가 어느 곳에 있겠는가! 달마가 혜가 스님에게 법을 전한 것도 혜가 스스로의 마음을 보라고 했지 다른 말 하지 않았다. 진사眞師는 자심自心이다.

6. 겸우 선사의 조사선祖師禪 비판

"'무無', '이 무엇고?', '마른 똥 막대기', '뜰 앞의 잣나무' 이런 것 생각하느라 언제 본심자리를 보겠어요! 화두, 화두를 준 자, 화두를 받은 자, 이 셋을 몽땅 여읜 그놈을 보아야 합니다."

덕산德山

겸우 선사는 영월암 법회에서 한국불교의 뿌리인 중국 선종에 대하여 신랄하게 비판하였다.

"우리나라 선종에서 살불살조(殺佛殺祖;부처와 조사를 죽임)하는 풍조가 나타나게 된 그 뿌리와 배경을 보면 덕산과 운문입니다. 떡장수 노파에게서 떡을 못 얻어먹고 쫓겨 가서는 '달마는 늙은 오랑캐, 석가는 마른 똥 막대기요, 문수·보현 보살은 똥 퍼 나르는 놈들이요, 등각묘각等覺妙覺은 파계범부(破戒凡夫;파계한 속인), 팔만대장경은 귀신의 명부, 고름 닦는 휴지'라고 한 덕산이 그 초조(初祖;첫 번째 조사 스님)입니다."

일원상一圓相

"도득 30방 부도득 30방(道得三十枋 不道得三十枋;도를 얻었다 함도. 못 얻었다 함도 몽둥이 30대)도 분별을 일으키니 바른 답이 아니요. 그 분별을 내기 전의 그 마음자리, 일념불기처의 자리입니다. 한 생각 일으키면 벌써 망상입니다[起心卽心 是莫忘思]. 털끝만 한 차이가 있어도 하늘과 땅만큼 도와는 거리가 멀다[毫釐有差 天地懸隔] 이 말입니다."

"일원상(一圓相, 동그라미 하나)이라는 것이 있어요. 마조 스님이 홍 화상(和尙;큰스님을 부르는 호칭)에게 백지에 동그라미 원(○, 一圓相)을 하나 그린 편지를 보냈습니다. 홍 화상은 그 원 속에 점을 찍어 회신하였어요. 원의 안, 밖 어느 곳에 점을 쳐도 마조 스님이 기대하는 답이 아니었습니다. 들어가도 친다, 안 들어가도 친다. 결국 홍 화상은 마조에게 속았다고 술회하였어요."

"일원상 속에 점을 칠 때는 이미 한 생각을 일으킨 것이니 한 생각 일으켜서는 안 되는 본심(무념의 마음)과는 거리가 먼 것입니다. 내 눈동자 속에 산천이 들어가고, 서울이 들어가고, 달, 별, 우주가 다 들어가고도 남습니다. 허공이 들어가고도 남습니다. 이 눈을 보시오. 산천, 서울, 우주를 보는 눈, 각각 따로 있는 것이 아닌 것과 같이 일원상 속이나, 밖에 따로 찍을 점이 있는 것이 아닙니다. 모든 것을 담는 눈동자 같은 그 자리가 불성佛性의 자리(부처님의 마음자리)입니다. 불성은 위대한 것입니다. 우리가 갖고 있는 불성으로 인해 산천, 달, 해 모두 있는 것입니다."

운문雲門

"매불매조의 제2조는 '천상천하유아독존'이라고 하신 석가 세존을 '한 방망이로 타살해서 주린 개에게 먹여버리고 천하를 태평케 했으리라'고 한 운문입니다.

그런데, 우리나라의 종사와 대선사들은 이 자를 극찬하며 따르고 있습니다. 육조 혜능 이후 선종의 가풍은 다섯 개의 가풍(五家;5개의 종파)으로 갈라졌는데 그중에서 운문이 그 가풍을 날리면서 조사와 부처를 욕되게 하는 경향이 뚜렷해졌어요.

부처님께서 이 세상에 출현하시면서 '천상천하유아독존'이라 하심은 이 세상에 머물다 가신 색신(色身;육신)인 석가모니 부처님 자신을 의미하는 것이 아니라 무량겁이 다하도록 상주불멸(常住

不滅;항상 계시는)하는 무상법신(無相法身;형상 없는 법신 부처님)을 의미하는 말씀입니다."

무상법신은 모양 없는 허공이 일체중생에게 빈틈없이 충만한 것처럼 이 법신을 여의고는 잠시도 살 수 없다며 게송과 함께 설명하셨다.

> 법신은 법계(우주)에 충만하여 널리 일체중생 앞에 나타난 것이라, 인연을 따라 두루 하지 않는 곳이 없으나 항상 저 보리좌에 처함이라.
> 佛身充滿於法界 普現一切衆生前,
> 隨緣起感靡不周而恒處菩提座

"'천상천하유아독존'이라고 하신 무상법신은 법계중생(우주의 모든 중생)의 자신 속에 빠짐없이 두루 다 들어있는 것입니다. 비유하건대 쪼개려야 쪼갤 수 없는 모양 없는 허공이지만 작은 그릇에 들어가면 작은 허공이 되고 큰 그릇에 들어가면 큰 허공이 되는 것, 모난 그릇에 들어가면 모난 허공이 되고, 둥근 그릇에 들어가면 둥근 허공이 되듯, 생기면 생긴 대로 있으면 있는 대로 허공은 빠짐없이 들어있습니다. '천상천하유아독존'이라고 하신 석가모니불은 천상의 달 하나를 지적하심과 같고 천백억 화신 석가모니불은 온 천하 물속 달을 지적하심과 같습니다."

> 천상의 달 하나가 널리 일체 물속에 나타난지라

물속 달이 천상의 달 하나에 섭(攝, 포함)한 것이며
제불법신이 각자 자성 속에 든 것과 같이
두루 여래와 합한(합치되는) 것이다.
一月普現一切水
一切水月一月攝
諸佛法身入我性
我性還共如來合

"천상의 달 하나는 온 천하 물속 달의 여래장이 아닐 수 없으며 허공 속에 있는 태양 하나는 과거, 현재, 미래의 여래장이 아닐 수 없습니다. 과거인 어제도 같은 데서 같은 날이 오고, 현재인 오늘도 같은 데서 같은 날이 오고, 미래인 내일도 같은 데서 같은 날이 오는 것입니다."

"'천상천하유아독존'이라 하신 말씀은 자기 자신을 지적한 것이 아니라 우주만물의 본성本性을 말씀하신 것이며, 제불중생(모든 부처님과 중생들)의 본성을 가리킨 말씀입니다. 천상천하유아독존은 우주만유의 여래장이며 제불중생의 여래장입니다. 따라서 모든 인간이 자기 본성인 본래면목(本來面目; 근본 성품)을 찾아 가지면 자기 자신이 천상천하유아독존이 되며, 각자 자신은 물 그릇, 자심은 물속의 달, 천상천하유아독존은 천상의 달과 동일합니다. 물 그릇이 깨지면 물속 달도 없어지나 물속 달의 본래면목인 천상의 달 하나는 독존(獨尊; 하나뿐)인 동시에 천만 년이 다하도록 상주불멸합니다. 그러니 운문은 물속 달 하나를 부수어 천상의 달을 없애겠다는 것과 무엇이 다르겠습니까?"

　　부처님과 조사 스님이 계시는 곳을 알고자 하면
　　해가 서산에 지고 달은 동에서 솟는 것을 보라.
　　欲諸佛祖回光處
　　日落西山月出東

"이 게송은 영가 천도재(죽은 자가 좋은 세상에 나기를 바라는 의식) 때 마지막으로 소대(燒臺;망자의 옷을 태우는 곳)에서 영가(죽은 자의 혼백)들을 초청해 놓고 하는 게송입니다. 이 말도 자기의 본래면목을 찾아 가지면 동서로 뜨고 지는 해와 달처럼 생사거래에 자재하게 된다는 것이요. 이것을 의상義湘 조사 법성게에서는 생사열반상공화(生死涅槃常共和;생사와 열반이 함께함)라 한 것입니다. 그러니 운문은 생사열반상공화도 모르는 자입니다."

조주趙州

　　조주는 구자무불성狗子無佛性, 정전백수자庭前柏樹子 등의 화두로 유명하다.
　　"개에게도 불성이 있습니까?"라고 제자가 묻자 조주 스님은 "무無"라고 답하였다.

부처님은 『열반경』에서 중생은 모두 불성을 가졌다고 하는데 어찌 '개에게는 없다고 했을까?'라고 의문을 일으켜 화두가 되었다는 것이다. 이때 조주가 말한 무는 있다 없다[有無]의 무無가 아니라 유무를 초월한 절대 무無를 뜻한다는 풀이도 있다.

그런데 겸우 선사가 이 절대 무라는 자를 몰라서 조주를 그르다 할 리가 없다. 본래무일물의 없는 자리는 깨달은 경지에서의 것이지 깨달아 보려고 화두를 받는 자의 경계는 아니다. 왜냐하면 깨달은 자라면 그런 물음도 하지 않았을 것이기 때문이다. 그리고 그가 그 화두로 깨쳤다면 개에게도 불성이 있다는 것을 알았을 것이다.

겸우 선사는 다음과 같이 말씀하셨다.

"모든 중생에게 불성이 있다는 부처님의 말씀을 믿으면 될 것을 공연히 의문을 일으키게 하느냐! 이것입니다. 의정을 일으키는 것이 화두라면 부처님 경전 속에 무수히 많고 많아요. 『금강경』의 '사구게', 『반야심경』의 '색즉시공' 등 구절구절이 의심을 일으키고도 남지 않느냐 이 말입니다. 육조 혜능 스님까지는 화두가 없었어요. 중국에 와서 조사선이라 해서 1700공안이니 뭐니 하면서 화두가 생긴 것입니다. 부처는 마른 똥 막대기, 뜰 앞에 잣나무, 호떡, 마 세근, 99는 81······. 이런 것들이 공연히 불교를 어렵게 만들어버린 것입니다. 부처님 설법도 알아들으려고 한 것이지 의심을 품으려고 한 것은 아니지 않습니까?"

화두와 화두 타파

　화두話頭는 '말보다 앞서 있는 것' 또는 '언어 이전의 소식'이란 뜻이다. 화두는 공안公案이라고도 하는데 약 1700종류가 있다. 공안이란 그렇게 따라하면 성불한다는 의미를 담고 있다.
　화두 공부란 일반적인 상식을 뛰어넘고 있는 문답에 대해 의문을 일으켜 그 해답을 구하고자 참구參究하는 것으로, 중국의 조사들이 만들어냈다. 화두를 들고 공부하는 수행법이 간화선看話禪이다. 간화선은 중국 임제종의 대혜大慧 스님이 발전시킨 것으로 조주趙州의 '무無' 자 화두, '구자무불성狗子無佛性'이 대표적이다.
　한 스님이 조주 스님을 찾아가 "개에게도 불성이 있는가?"하고 물었다. 이때 조주 스님은 "무無"라고 답하였다.
　부처님은 모든 중생이 불성을 갖고 있다고 하셨는데 어찌하여 '무'라 했을까? 이렇게 의문을 일으켜 종국에 깨달았다고 한다. 우리나라의 많은 스님들이 이 '무'자 화두를 들고 수행을 하고 있다. 이 밖에도 유명한 것은 '이 무엇고?', '마른 똥 막대기', '뜰 앞의 잣나무' 등이다.
　한국의 선禪은 간화선을 받아들인 고려의 지눌知訥에게서 그 원류를 찾을 수 있다. 그는 『간화결의론看話決疑論』을 통해 간화선 사상을 유포하였고, 그의 제자 혜심慧諶 — 지엄智嚴 — 휴정休靜 — 경허鏡虛 — 만공滿空으로 이어졌다.
　그런데 겸우 선사는 화두를 들고 공부하는 것에 반대하고 있다. 그러나 모두 화두를 들지 않고는 공부가 안 된다고 하니 몇 사람에게 화두를 준 적이 있다고 하였다. 부득이 화두를 주려면 활 화두(살아있는 화두)를 주어야 한다고 했다.

큰스님들이 화두를 타파해주면 지옥간다며 입을 다물고 있는데 그것도 잘못되었다는 것이다. 본심자리를 찾을 수 있도록 도와주는 것이 화두를 준 스님의 할 일이라는 것이다.

"부처님은 상식을 뛰어넘는 그런 말로 중생을 구제하고 깨닫게 하지 않았어요. 알아들을 수 있는 말로 설했습니다. 왜 수많은 경전이 생겨났겠습니까! 육조 혜능 스님도 수많은 제자들을 깨닫게 했지만 모두 혜능 스님의 말씀을 알아듣고 깨치지 않았어요!

불성의 자리는 말로 표현할 수 없는 그런 곳입니다. 말이 끊어진 자리라 해서 언어도단言語道斷이라고도 합니다. 육조 스님도 '본래무일물'이라 하지 않았습니까! 그러나 이 불성은 온 세상에 충만해 있는 것이라 부처님께서도 꿈틀거리는 미물 중생 속에도 불성이 있다고 했어요[蠢動含靈 皆有佛性]. 그러할진대 영리하기로 소문난 개에 불성이 왜 없겠습니까? 그런데도 개에게 불성이 있느냐 없느냐 따지는 것, 우스운 일 아닙니까?

화두는 자아를 찾아가는 데 도움이 되는 의문을 일으키는 것이어야 합니다. 그런데 참으로 별의별 요상한 것들이 등장합니다. 부처님이 무엇이냐? 하는데 '마른 똥 막대기' '뜰 앞의 잣나무' '마 세 근' '이빨에 난 털' 등 참으로 해괴합니다. 이런 말도 있어요. 어떤 사람이 천 길 낭떠러지에서 나뭇가지를 입에 물고 매달려 있는데 누군가 '부처가 무엇이요? 어디 한번 일러 보시오'라고 했어요. 그런데 대답을 하자니 입을 벌려야 할 것 아닙니까? 입을 벌리면 떨어져 죽을 판인데 어쩌면 좋겠습니까?

또 이런 것도 있어요. 주둥이가 작은 병 속에 새알을 넣었어요. 이것이 부화해서 새가 되어 몸집이 커졌는데 '병을 깨지 말고 꺼내보라'했어요. 그러면 의문이 안 생길 수 없지요. 그러나 이런 것 생각하느라 언제 한 물건도 없는 겁외소식을 알겠습니까!"

"방 거사가 마조 스님을 찾아가서 '만법萬法과 짝하지 않는 것이 무엇입니까?'라고 물었어요. 그때 마조 스님은 '네가 저 서강수의 물을 몽땅 다 마시고 오면 일러주마'라고 했습니다. 참으로 한심한 일입니다. 묻는 방 거사, 답하는 마조, 서강수 이 셋을 몽땅 여읜 놈, 자성을 보아야 하는 것입니다. '무無'이 무엇고?' '마른 똥 막대기' '뜰 앞의 잣나무' 이런 것 생각하느라 언제 본심자리를 보겠어요. 화두와 화두를 준 자, 화두를 받은 자, 이 셋을 몽땅 여읜 그놈을 보아야 합니다. 한 생각도 일어나기 전의 자리[一念不起處]를 보아야 합니다.

그런데 우리나라 수자들은 하나같이 화두병에 걸려 화두 없이는 공부가 안 되는 줄 알아요. 나를 찾아와 자꾸 화두 하나 내 놓으라는 겁니다. 그래서 나는 할 수 없이 살아있는 화두 몇 개를 준 적이 있어요. 내가 준 화두는 셋입니다."

萬法歸一 一歸何處
만법귀일 일귀하처

父母未生前 本來面目

부모미생전 본래면목

無夢無想時 主人公尋何處
무몽무상시 주인공심하처

"큰스님들은 화두를 풀이해주면 지옥에 간다며 타파해주지 않는데 나는 그 바닥을 드러내 보여줍니다.

만법귀일 일귀하처萬法歸一 一歸何處를 봅시다. 이것은 본심자리를 찾아 들어갈 수 있는 것입니다. 여기서 만법이 하나로 돌아간다는 것은 웬만큼 공부하면 알 수가 있습니다. 그러나 그 하나는 또 어디로 돌아가는지 잘 모릅니다. 그 하나는 다시 만법으로 돌아가는 것입니다. 만법이 한 생각 없는 무념의 일념불기처로 돌아가고, 그곳에서 한 생각 일으키면 만상이 나타나는 것입니다.

부모미생전 본래면목父母未生前 本來面目을 봅시다. 누구나 자기 태어나기 전에 부모님이 계셨고 부모님 전에도 조상이 있었다는 것은 알지 않습니까! 그러니 이 말은 자신의 근본을 찾아가 보라는 것이니 공부할 만한 것입니다. 찾아 올라가다 보면 겁외에 이를 것 아닙니까! 그러면 자신은 본래 없던 곳에서 본심자리가 자기의 근본임을 알게 되는 것입니다. 이 말은 과거 일곱 부처님 이전의 소식과 같은 말입니다. 겁외 소식을 알 수 있다는 것입니다.

무몽무상시 주인공심하처無夢無想時 主人公尋何處는 꿈도 없고 생각도 없을 때의 주인공인 나는 어느 곳에 있나?생각해 보라는 것입니다. 꿈도, 아무 생각도 없는 무념의 자리가 일념불기처입니다.

 이 세 가지 화두는 자기를 버리지 않고는 타파할 수가 없어요. 그러니 화두 참구하려면 우선 자기를 버리는 공부부터 해야 합니다. 자기를 버리는 공부는 열심히 염불기도를 하거나 『금강경』이나 『반야심경』 같은 경전의 참뜻을 새겨야 하는 것입니다. 자기를 버리지 않고 의정만 기르면 상기되어 공부가 안 됩니다."

『금강경』 사구게에도 틀린 글자가 있어요

 『금강경』은 우리나라 조계종이 최고의 경전으로 꼽고 있는 것이며 영어권에서는 '다이어몬드 경Diamond sutra'이라고 부르고 있는 세계적으로도 유명한 경전이다. 이 경전의 내용을 압축해서 나타내는 네 개의 사구게가 있다. 그중 첫 번째 사구게[第一 四句偈]는 다음과 같다.

　凡所有相 皆是虛妄 若見諸相非相 卽見如來
　존재하는 모든 것은 허망한 것, 모든 상을 상 아닌 것으로 보면 여래를 보리라.

 "이 사구게에서 '비상非相'을 '이상離相 또는 무상無相'으로 바꿔야 합니다. 본심자리는 상相을 여읜 것이므로 무상입니다. 이것을 상 아닌 것[非相]이라고 하면 안 됩니다."

"본심자리에는 이 경우가 없다고 할 수 있지만 지금 여기 있는 나 경우를 경우가 아니라고는 할 수 없는 것 아닙니까! 바깥 경계를 여의어야만 자심을 볼 수 있는 것 아닙니까! 더 좀 정확히 말하자면 무상無相입니다. 왜냐하면 본심에는 상이 없어요."

유정무정 개유불성有情無情皆有佛性의 참뜻

『열반경』에서 부처님이 말씀하신 '유정 무정이 모두 불성을 갖고 있다[有情無情皆有佛性]'에 대해 경우 선사의 해석은 많이 다르다.

'유정 무정이 모두 불성을 갖고 있다'고 해서는 안 된다는 것이고, '유정 무정이 모두 불성 속[佛性內]에 있다'고 해야 한다는 것이다. 그것은 생명이 있는 유정이래야 불성이 있지 돌과 같은 생명 없는 무정물도 불성이 있다는 것은 아니라는 것이다.

불수자성수연성不守自性隨緣成, '수守' 자가 틀렸어요

경우 선사가 우리나라의 여러 고승들을 비판하지만 의상 스님에 대해서는 극찬하셨다. 특히 의상 대사의 법성게는 부처님의 본심자리를 정확하게 표현하신 게송이라고 하셨다. 그러나 몇 개의 구절은 잘못된 한자를 쓰고 있다며 수정되어야 한다고 했다.

법성게의 불수자성수연성不守自性隨緣成에서 수(지킬 守)가 좇을 수隨로 해야 맞는다고 하셨다.

"자성은 부동不動입니다. 수행자라면 그 자리를 지킬 일이지 그것을 지키지 않고 경계를 따라가 인연 닿는 대로 산다는 것은 말이 안 됩니다. 하늘의 태양이 자기 자리를 벗어나 세상 곳곳을 비춥니까? 자기 궤도에서 벗어나지 않고 세상을 비추는 것입니다. 저 하늘의 달도 제자리에 있으면서 물이 있는 곳이면 물속에 달의 모습을 만들어 냅니다. 그런데 불수자성不守自性이라 해놓으면 승려들이 포교를 하려면 절에 머물러 있기보다 중생의 근기에 맞게 유흥업소에도 드나들며 술, 고기도 먹으면서 불법을 펴야 한다는 뜻이 되어버리니 파계승들이 좋아할 일이요."

초발심시변정각初發心時便正覺을 잘못 알고 있어요

"법성게에는 초발심시변정각初發心時便正覺이란 구절이 있어요. 이것을 마치 스님이 되겠다고 발심하였을 때가 바로 깨달음의 자리라고 번역을 하는데 이것은 크게 잘못된 것입니다. 그 참뜻은 '일념불기처'인 본심에서 한 생각 몰록 일으키려 하다 냉큼 그 생각을 거두어들여 '일념불기처'로 되돌아가니 그곳이 본심이다라는 말입니다."

이 '일념불기처'는 모든 경계를 여의었으니 텅 비어 있어 공이다. 그러나 한 생각 일으키면 모든 것이 생겨나니 묘한 공이다. 아무것도 없으니 변할 것이 없다. 변화가 없으니 미래 현재 과거라는 시간이 있을 수가 없다. 시간이 없으니 시작과 끝이 없어 여여如如하다.

9세 10세 호상즉九世十世互相卽이 무슨 말인지 아시오?

중도中道란 말은 유교, 불교, 도교 등 모든 종교에서 자주 쓰이는 말이다. 중간이란 말도 되고, 알맞게 한다는 뜻도 되고, 중립

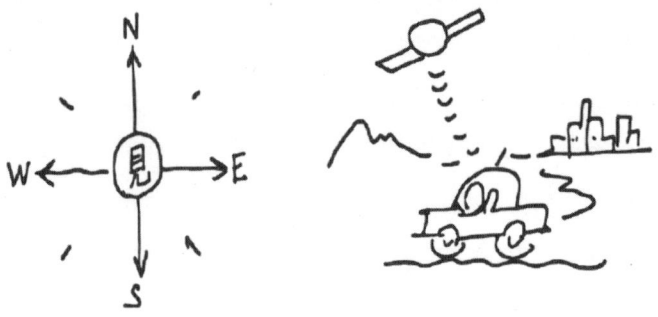

을 지킨다는 뜻으로 광범위하게 쓰인다. 그런데 겸우 선사는 중도의 정의를 '보는 놈(견체; 見體)'이라고 내린다. 보는 놈은 공간, 시간적으로 중심에 있다.

우리가 보는 공간을 동서남북과 이것들의 사이를 간방間方이라 하여 8방으로 나누어 본다. 여기에다가 상하 두 개 방향을 합쳐 시방十方이라 한다. 그런데 보는 놈은 항상 그 중앙에 있다. 견처는 10곳이지만 보는 놈인 견체는 하나이다. 그 하나가 바로 본심이다.

시간적으로는 어떠한가? 나는 이 순간 한 생각을 일으킨다. 그 생각은 앞으로도 뒤로도 달려간다. 그러나 생각을 내는 나는 항상 그 중앙에 있다. 과거 현재 미래가 지금 내가 한 생각을 일으키려고 하는 본심을 기준으로 하고 있다.

선사는 법성게 중에서 9세 10세 호상즉九世十世互相卽을 다음과 같이 설명하였다.

시간에는 과거 현재 미래의 3세가 있다. 그리고 이 3세에는 각각의 과거 현재 미래가 있으니 모두 9(3×3)세가 된다. 그러면 나머지 1세는 무엇인가? 그 한 세가 바로 '보는 놈(견체)'이다. 『금강경』에서 말하는 과거의 마음, 현재의 마음, 미래의 마음도 얻을 수 없다는 말도 이 중도자리를 뜻한다.

수처작주 입처개진隨處作主入處皆眞은 위험한 말이다

응무소주이생기심(應無所住而生其心 ; 응당 주한 바 없는 데서 그 마음을 낸다), '주한 바 없는 데서 생각을 낸다'는 말은 『금강경』에 나오는 것으로 육조 스님이 이 구절을 듣고 깨달았다. 겸우 선사 역시 이 글을 애용하시며 우리의 마음이 주할 곳을 바로 이르는 말이라고 하셨다. 물질이나 사람이나 놓여지고 머물 곳이 있기 마련이다. 사람이 일으키는 생각도 생겨나면 어딘가에 머물게[住] 된다. 생각이 돈, 아니면 명예에 머물 수도 있다. 그러면 반야의 지혜를 갖춘 보살의 마음은 어떤 곳에 머물러야 하는가? 마음이 도달하는 경계인 견처에 머물 것이냐, 아니면 일체의 견처見處를 여의고 견처를 바라보는 주인인 견체見體에 머물 것이냐?

견처로는 온갖 물질적인 것, 온갖 생각들이 수없이 많으며 이런 경계들은 변화무쌍하다. 그러나 이것들을 바라보는 견체는 하나이며 바뀌지 않는다. 바뀌지 않는 것이 불성이다. 그러면 이 불성은 어떤 곳이냐? 불성은 텅 비어 있어 무엇이라고 할 만한 것이 없다. 왜 아무것도 없느냐 하면 '무엇이 있다'라는 생각도 일어나지 않는 '일념불기처'이기 때문이다. 무시 이래로 본래 그런 곳[本來無一物]이다. 아무것도 없으니 굳이 있다고 한다면 공空밖에 없다. 선사는 자신의 주소를 겁외국 무위도 허공군 무착면 무주리劫外國 無爲道 虛空郡 無着面 無住里라고 일러준 바 있다. 육조 스님이 무주無住로 본본을 삼으라는 말씀이 그렇다.

흔히들 애용하는 휘호인 '수처작주 입처개진隨處作主入處皆眞'도

크게 잘못된 것이라고 한다. 그 이유는 간단하다. 불자가 마음공부를 하려면 가를 여의고 한 생각 일어나지 않는 본심자리에 머물러 살아야 한다. 생각이 닿는 곳마다 머물러 살아서야 되겠느냐는 것이다.

야부冶夫의 '산은 산, 물은 물'이 잘못되었다고 하는 것도 산과 물을 보는 '견체'를 놔두고 여의어야 할 경계인 '견처'에 마음이 가게 하기 때문이다. 한편 이 말은 큰 원력 보살이 중생을 구제하기 위하여 지옥에도 나타나, 중생심에 물들지 않고 흔들림 없는 자비심으로 주인이 되어 중생을 구제할 경우에는 옳다. 그러나 업에 끌려 다니는 중생의 입장에서는 아주 위험하다.

도를 구하는 불자들은 이 업에서 벗어나려고 무진 애를 쓴다. 수도의 목적이 무엇인가. 해탈을 목적으로 하지 않는가! 무시겁으로 익힌 습이 업業이 된 것이다. 사찰에서 끊임없이 염불을 하고 기둥이며 벽에 글과 그림을 내걸고 있는 것도 오고가는 사람들이 알게 모르게 좋은 업에 젖어들게 하자는 것이다. 그런데 수처작주라면 어떻게 되는 것일까? 선사는 이렇게 말하고 있다.

"내가 쥐구멍에 들어가 주인이 되면 쥐가 되어 살아야 하고, 내가 뱀 구멍에 들면 뱀으로 살아야 하고, 시궁창에 들면 구더기로 살아야 하고, 짐승에 들면 짐승으로 살 수밖에 없는데, 사생 육도를 윤회하겠다는 발원이 되니 아주 위험한 글귀입니다."

불교는 자기가 자기를 구원하는 종교라서 스스로 잘못된 업에 끌리거나 훈습되지 않도록 노력하여야 한다. 그런데 오히려 본심에서 먼 가지에 머물겠다는 것을 다짐하는 것과 같으니 안타까워하는 것이다.

청정상清淨相, 잘못된 표현입니다

계를 잘 지키는 스님을 청정승清淨僧이라 한다.

태백산 도솔암에서 잠시 같이 지냈다는 한 큰스님이 겸우 스님을 한국 제일의 율사라고 할 정도로 겸우 선사는 계를 중시하셨다. 그런데 계를 강조하는 겸우 선사는 상자청정상 불자행도리(常自清淨相 佛子行道理, 늘 자신을 청정하게 하는 것이 불자가 행할 도리이다)가 어찌하여 틀렸다고 할까?

안성 석남사 요사채에 걸린 주련, '상자청정상 불자행도리常自清淨相 佛子行道理'.

우리는 근본행과 세행을 같이 보는 경우가 많다. 선사는 일념불기처의 텅 빈 마음에 주하여야 성불한다고 항시 말씀하셨다. 상자청정은 늘 자신 속에 깨끗이 닦아야 할 무엇인가를 갖고 살라는 말이니 근본자리에서 보면 틀렸다는 것이다. 아직 마음속에 무엇인가 있다는 상을 버리지 않는 것은 본래 무일물과는 맞지 않는다는 것이다.

자연보호가 말이 됩니까?

충북 괴산 정토사 법당에는 '자연보호自然保護', '향상일로向上一路'라는 문구가 나란히 걸려 있었다. 선사는 그것을 보고는 참으로 잘못된 말이라고 하시면서 "어찌 승려가 이런 것을 걸어 놓고 있는가?"라고 하셨다. 많은 사람들이 의아해하지 않을 수 없다. 새만금 간척사업이 한창일 때 갯벌을 망친다고 스님까지 나서서 3보 1배의 고행을 하며 항의하였다. 그뿐인가. 얼마 전에는 도롱뇽이 서식하고 있는 산을 뚫어 고속철도를 놓는다고 한 비구니가 목숨을 걸고 시위를 해서 세상이 떠들썩하였다. 이렇게 불교계가 자연보호에 앞장서고 있다. 그런데 선사는 무슨 이유에서 자연보호가 그르다고 하시는가? 이것 하나만 보아도 선사의 살림살이가 일반 대중들의 그것과 얼마나 다른가를 확연히 알 수 있다.

우리는 육신의 건강을 위해 나무가 우거진 숲 속을 거닐면서 산다. 숲 속에는 아름드리 나무도 있고 뻗어 나간 넝쿨도 있고 꽃도 피어 있고 새소리도 나고 여러 짐승들도 자유롭게 뛰어논

다. 이 숲은 그냥 내버려 두어야 번창한다. 나무는 저 높은 하늘을 향해 치솟으니 향상일로이다.

그러나 우리는 또 하나의 숲이 있다는 것을 느끼지 못하고 산다. 그 숲은 마음속에 있다. 마음속의 숲에는 크게 보아 세 종류의 식물이 뿌리를 박고 자라고 있다. 탐욕의 나무[貪], 성냄의 가시덤불[瞋], 어리석음[痴]이다. 이것들은 서로서로 공생하며 맹렬히 자라 몸집을 키우기 위해 탐욕을 있는 대로 부리며 뿌리와 가지를 뻗어 나간다. 이 마음의 나무와 넝쿨은 드디어 밝은 자성의 빛을 가려 무명의 중생살이를 하게 만든다. 이 중생심을 벗어나 지혜의 광명 속에서 살려고 승려는 머리를 깎고 출가한다. 그리고는 세계일화의 꽃나무 한 그루를 심어 뿌리가 내리고 무럭무럭 자라 보리과의 열매가 맺기를 바라며 정진한다.

바깥과 마음속을 하나로 보고 법계일상 속에 사는 선사는 사바세계 속에 심어진 이 외로운 나무가 오랜 세월 자리 잡고 자라고 있는데 무성한 잡풀 속에 묻혀있음을 염려하는 것이다.

자연보호를 반대하는 선사의 말씀은 경계를 바라보는 눈을 되돌려 본마음의 세계를 향해 보라는 간절한 부탁이다. 잡생각 없는 텅 빈 마음에는 어떠한 잡념의 잔가지도 있을 수가 없다. 일념불기처의 무심으로 살려면 생각의 잔가지 잔뿌리는 뻗어 나가기 전에 싹둑싹둑 사정없이 잘라버려야 한다. 수행자가 할 급한 일은 밖의 자연보호가 아님을 명심해야 한다는 뜻이다.

무명을 깨달으면 곧 부처라니

석남사 요사채에는 '오자무명변시불悟自無明便是佛'이란 글이 담긴 족자가 걸려 있다. 나는 한학에 어두워 이 글이 어떻게 해석되는지는 잘 모른다. 그런데 선사는 여러 번 잘못된 글귀가 부처님 전에 걸려 있다고 하셨다. 요사채는 인법당으로 쓰이므로 부처님이 모셔져 있다.

'깨친 자는 무명이 곧 부처인 줄 안다.', '스스로 무명을 깨달으면 곧 부처가 된다.' 또는 '자신이 무명인 줄을 깨달으면 곧 부처가 된다'로도 해석될 수 있지 않을까.

그런데 어느 날 선사가 나에게 물으셨다.
"오자무명이 맞는 말이요? 한번 말해 보시오."
"무명이 없는 놈을 깨달아야 하지 않겠습니까?"
"그리고 변시불은 무엇이요?"
"'곧 부처다'라는 말 아닌가요?"
말씀은 드렸지만 자신이 없었다. 그런데 선사는 단호히 말씀하신다.
"아니, 무명을 깨달아 어떻게 부처가 될 수 있어요? 즉심시불卽心是佛인 본심을 깨달아야 부처가 되는 것입니다."

석남사 인법당에 걸려있는 족자.

겸우 선사의 게송

"이 겸우는 '보리본자성 기심즉시망(菩提本自性 起心卽時妄, 불성의 자성 자리에서 한 생각 일으키면 벌써 허망한 것이다)'이라고 하신 육조 스님의 말씀과 같이 '일념불기처'에서 한 생각 일으키지 않으면 깨달았다는 것도 없고 견성했다는 것도 없는 사람입니다. 그러나 본래무일물本來無一物이라고 하신 육조 스님의 소식을 모든 불자들께 전해주기 위하여 게송이나 한 구절 보여주고 싶습니다."

本來無一物
一切諸物在無中
比如虛空含萬象
無相法身吞虛空
無相豈有差別相
是卽世尊獨尊我

본래 한 물건도 없으나
일체가 다 없는 속에서 생긴 것이다.
비유컨대 허공 하나가 삼라만상을 머금었듯이
모양 없는 법신은 허공을 삼킨 것이니
법신자리에 어찌 차별심이 있으랴
이것이 곧 우리 세존께서 보여주신 독존의 나이다.

7. 있는 것과 없는 것

"이 본심은 밖에서 구해지는 것이 아니며 시작과 끝을 알 수 없는
무시겁으로부터 자신 속에 본래 갖고 있는 것이다.
이 본심자리는 부처님의 마음과 같아 모든 생멸을 여의었으므로
여여如如하고 텅 비어 적적하다."

지식과 지혜

스님들은 머릿속에 먹물이 가득 든 사람은 구제하기 힘들다고 말한다. 지식이 많으면 깨달음을 이루는 공부에 방해가 된다고 주장하는 사람들이 의외로 많다. 그러니 나와 같은 교수들은 민망해서 몸 둘 바를 모르게 된다. 불교에서는 부처님의 가르침을 문자화하여 84000경전을 남겨 엄청난 데이터베이스(지식)를 구축해 놓았는데도 말이다. 중생들을 깨달음에 이르게 하는 소위 중생구제가 스님들이 할 일이라 한다. 그런데 어찌하여 입시철이 되면 사찰마다 좋은 대학에 합격하라는 기도를 해주는가? 의당 말려야 할 것 아닌가?

불교의 가르침은 지식이 아니고 지혜라고 한다. 세속 학문은 인간 중심, 현세 중심적이고 물질만 다룬다고 비판하지만 사실은 단세포 생물에서부터 미생물, 곤충, 인간, 무생물 등을 전문적으로 다루고 있으며 이러한 것들이 과거, 현재, 미래를 통해 어떻게 연계되어 있는지도 연구하고 있다. 물질뿐 아니라 정신세계를 다루는 분야도 있고 물질과 정신을 함께 다루는 분야도 있다. 이렇게 쌓아온 지식이 인간의 고통을 덜어주는 데 적잖게 공헌하고 있다면 중생을 구제하고자 하는 관세음보살의 보살행이 아니라고 말할 수 없다.

세속 학문은 밖을 향해 관찰하고 불교는 보는 자를 관찰한다는 점에서 다르다고 볼 수 있다. 그러나 심리학이나 철학 분야는 보는 놈을 상대로 연구하고 있다. 불교가 지혜를 강조하는 뜻을 모르는 바는 아니나 어느 한 순간에 깨닫는 돈오頓悟를 지나치게 주장하고 차츰 닦아서 깨달음에 이르는 점수漸修를 우습게 아는 경향이 심한 것 같다. 생물의 진화과정을 잘 설명하고 있는 유전공학을 빌려 말한다면 인과관계가 없는 돌발현상은 상상하기 힘든 것이다.

  모든 인과관계의 중심에 서 있는 인간인 '나'의 실상을 보기 위해 석가모니 부처님이 보여준 가르침을 배우고자 불교가 만들어진 것이다. 부처님도 교육을 중시한 것이며 절에 강원講院도 두고 승가대학도 세워 스님들을 가르치고 있는 것도 점수가 중요하기 때문이 아닌가? 어느 순간 우르르 쾅쾅 벽이 갈라지고 하늘에 수백 개의 태양이 떠 세상이 밝아지는 상황처럼 큰 깨달음을 주장하는 것이 한국불교인 것 같다. 사소한 깨달음이 깡그리 무시된다면 어느 누가 불교를 신행하겠는가! 아무리 보잘 것 없는 수행이라도 그만큼의 가치는 있는 것이다.

  겸우 선사도 『반야심경』 설법을 통해 무엇보다 중요한 것은 알아듣는 것임을 누차 강조하였고 보고 알아듣는 주인공인 '나' 자신을 보는 방법을 간명하게 잘 보여주었다. 그가 태백산 도솔암에서 어느 날 몰록 깨달음을 얻었지만 그의 일생을 건 기도정진이 그 밑에 깔려 있었다는 것을 잊어서는 안 될 것이다. 겸우 선사 역시 거듭거듭 깨친다고 하였다.

  우리나라 선종의 뿌리라고 할 만한 『육조단경』에도 언하言下에 도를 이루었다는 표현이 많은데 이 말은 '말을 알아듣다'라는 뜻이다. 이것만 보아도 설법을 듣고 깨치는 것을 무시해서는 안 된다. 왜냐하면 포교에서 가정 중요한 것은 말로 불법을 일러주는 것이고 그 말을 듣고 중생이 발심하기 때문이다.

겸우 선사가 '본심을 보는 것'이 불자들의 궁극적 목표임을 강조하고, 역대 조사와 종사들을 심하게 비판하는 것도 그들의 잘못된 가르침이 본심을 보는 데 방해가 되었기 때문이지 바른 가르침은 여전히 존중하고 있다.

본심이 어떻게 생겼는가? 라는 의문을 가질 것이 분명하므로 그가 본 세계를 말로 표현하셨는데 세계일화, 불이지법, 본래무일물, 일념불기처, 밝음 등이다. 선사는 자신이 본 세계를 본심 자리에서 직설하셨지만 선사의 마음이 독자들의 마음과 다르다면 이해하기가 힘들 것이고 오해의 소지도 있을 수 있다. 출가 스님들이 세속의 학문을 지나치게 오해하듯이 세속의 지식인들이 선사의 설법을 잘 받아들이지 못할 수도 있을 것이다. 그래서 저자는 선사의 설법을 이해하는 데 조금이나마 도움이 되었으면 하는 마음에서 세속의 지식을 인용하면서 감히 해설을 달아보고자 한다.

이름과 내용물

『반야심경』을 포함한 많은 경전에서 상(相, 像, 想)이란 말을 자주 사용하는데, 공空, 비상非想, 무상無相, 실상實相 같은 말들이다. 매일 마시는 물을 예로 들어보자. 물은 지구상에서 가장 흔한 물질이고 어떤 성질을 갖고 있는지도 잘 알고 있다. 그런데 과학자들은 물을 H_2O라는 이름을 붙여 다루고 있는데 이것도 일종의 상相이다. 상을 써서 실상을 말하자면 이렇다.

  - H_2O를 종이에 떨어뜨리면 종이는 젖는다.
  - H_2O를 불에 뿌리면 불은 꺼진다.
  - H_2O는 영하의 온도에서는 꽁꽁 얼어붙는다.

한 학생이 H_2O[相]가 진짜로 물[實相]인지 실험해보기 위해 종이 위에 H_2O H_2O H_2O H_2O H_2O를 빼곡히 써놓고는 이 H_2O 종이가 젖는지를 유심히 살펴보았다. 종이가 젖지 않자 그는 다른 실험을 해보았다. 촛불 위에 H_2O종이를 올려놓으니 불은 꺼지지 않았고 종이만 불길에 휩싸여 사라져버렸다. 그는 물이 증발된 것이라고 믿었다.

그는 최종적으로 유리컵에 H_2O종이를 구겨넣고 냉동실에 넣어두었다. 그리고 마냥 기다렸으나 얼음이 안 생겼다. 그는 "H_2O가 물이라는 것은 거짓이다"라고 소리쳤다.

그렇다. H_2O라는 기호(상)가 물(실상)이 아닌 것은 사실이나 학자들은 H_2O라는 기호를 계속 쓰고 있다. 또 강물을 정수하여 수돗물을 만들고 관리한다. 그리고 수많은 화학반응을 이용해 약품도 만들고 가지가지 생활필수품을 만들어내고 있다. H_2O는 물의 실상은 아니나 물의 실상을 알고 활용하는 데는 없어서는 안 될 지식이며 수단이다.

또 한 가지 예를 들면 시뮬레이션(simulation, 모의실험)이라는 것이 있다. 복잡하고 이해하기 힘든 현상을 예측하는데 많이 쓰이는 방법이다. 직장인이 내 집을 갖는데 몇 년이 걸린다든가, 내일의 날씨가 어떨지를 예보하는데 또는 차기 대통령은 누가 당선될 것인가를 예측(상상, 想像)하는데 활용하고 있다. 이 시뮬레이션 기법에는 여러 가지 현상들에 이름(상, 변수)을 붙여놓고 작업을 한다.

불자들의 목표는 성불成佛이다. 성불의 길로 가는 수행방법은 참선, 염불기도, 경전 읽기 등이 있다. 경우 선사가 그토록 계戒와 염불기도를 중시하는 것은 성불의 중요 변수로 작용하기 때문이다.

대승불교를 표방하는 우리나라에서는 화두 참선을 으뜸으로 치고 계를 철저히 지키는 것은 편협한 소승불교적인 것이라고 얕보는 경향이 많은 것 같다. 과연 화두가 계와 기도를 능가할 만한 주된 변수가 된다면 부처님은 왜 이렇게 말했을까? 부처님이 죽음을 맞이하였을 때 제자들이 물었다.

"부처님이 가시면 누구를 스승으로 삼아야 합니까?"

"계를 스승으로 삼으라."

겸우 선사는 불자라면 계를 중시해야 한다며 이 부처님의 말씀을 인용하곤 하였다.

뿌리와 가지

겸우 선사는 성불하려면 뿌리에서 공부를 해야지 가지에서 공부하면 헛수고라고 했다. 그러면서 부모님 뱃속에 들기 전[父母未生前]의 자기(마음)가 무엇인지를 살펴보라고 했다. 그리고 죽고 나서의 자기는 무엇인지 알아야 한다고 했다. 그러면서 겁외劫外 소식을 알아야 견성이라고 했다. 겁외는 억겁 전의 일을 뜻하는데 '저 아득한 옛적 나는 누구였나?'라는 것이다.

생물학자들이 만든 진화의 족보를 보면 이 지구상의 생명체들은 한 뿌리에서 시작되었다. 이 진화의 나무를 보면 생명체를 가진 모든 생물은 그 조상이 같음을 알 수가 있다. 정규교육을 받은 적이 없는 겸우 선사가 이 진화의 나무 Tree of Evolution를 보았을 리가 없을 것이다. 그리고 육식을 하는 수자들에게는 "부처님을 사생의 자부라 하고, 살생계를 지킨다고 서약하고는 어찌 같은 형제들을 잡아먹느냐?"고 하였다.

선사는 인간의 생각이라는 것도 뿌리(본심)와 가지(망상)가 있으다고 했다. 생각의 방향을 돌이켜보면 뿌리에 한 생각도 일어나

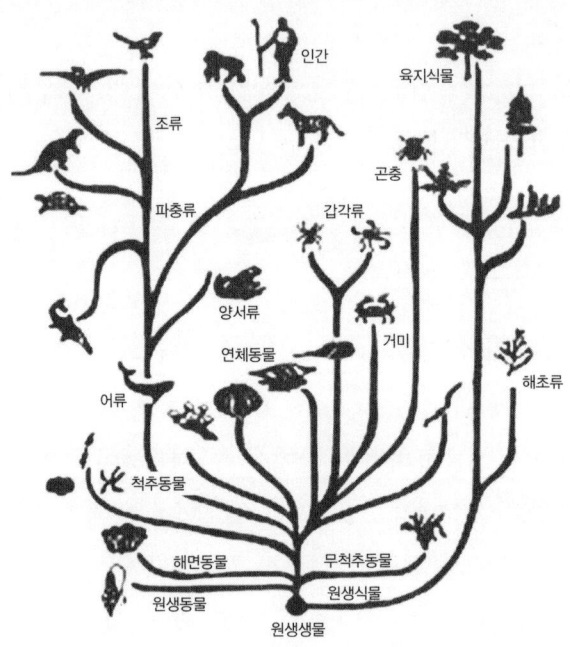

진화의 나무. 지구상의 생명체는 한 뿌리에서 시작되었다.

지 않는 '일념불기처'가 있는데 그곳에 다가가야 견성한다고 하였다.

선사는 마음을 5식, 6식, 7식, 8식으로 나누어 놓은 유식론도 일종의 망상이라 하고, 화두를 들고 공부하는 것도 생각의 가지에 집착하는 것이라고 하였다. 나누면 뿌리를 찾기 힘들기 때문에 나누지 말고 봐야 뿌리에 이른다는 것이다.

이사무애 理事無碍

겸우 선사는 어느 늦여름 밤 창녕 영봉사에서 '불이지법不二之法' 말씀을 하시다가 불자들이 계를 우습게 여기는 문제가 나오자 옛날 영주 포교당에서 있었던 일을 들려주셨다.

"그때가 언젠가 하면 태백산 도솔암에서 생식을 하다가 이가 부러졌어요. 어찌하겠어요, 그래서 산을 내려와서 영주 포교당에 머물게 되었어요."

선사는 정무 스님을 바라보시면서 웃음을 짓더니 "저, 정무 스님이 주지였는데 신도들을 시켜서 나한테 법문을 청하게 했어요. 삼배를 하면서 법상에 오르라고 하니 그런 무리가 어디 있어요. 나는 토굴 생활을 하느라 한 번도 법상에 올라가 본 적이 없는데 말이요."

"아 글쎄 내가 못한다고 하니, 저 정무 스님도 같이 절을 하는 바람에 안 올라갈 수도 없는 것 아니요. 나는 이렇게 말했지요. 이 자리가 국사國師의 자리라면 너무 높아서 못 올라가겠고, 대처승이 섰던 자리라면 너무 낮아서 못 올라가겠다고 했어요. 그래서 나는 그냥 방바닥에 앉아서 몇 마디만 했어요."

"그렇게 설법이 끝났는데 신도 십여 명이 나에게 몰려와서는 묻는 거예요. '여러 큰스님들이 '이사무애理事無碍'를 '불이지법不二之法'이라고 설하는데 스님은 어찌 계행을 그렇게 강조하십니까?'라고.

그래서 나는 옆 책상 위에 있던 신문지를 방바닥에다 펴고 붓

으로 '리理' 자와 '사事' 자를 써놓고는 이렇게 되물었어요. 이걸 좀 보시오. 이 신문지에 내가 쓴 '리'와 '사'가 둘로 보입니까? 하나로 보입니까? 눈 한쪽을 가리고 보면 '리' 자만 보입니까? '사' 자만 보입니까?"

"여러분, 한 눈으로 본다고 해서 한 글자만 보인다면 세상 사람들이 미쳤다고 하지 않겠어요! 이 신문 속의 수많은 글자 중에 한 글자만 보인다고 하면 역시 미친 사람이라고 하지 않겠어요! 그러나 이것을 보는 놈은 하나입니다. '이 보는 하나인 놈'을 가리켜 불이지법이라 하는 것입니다. 그래서 나는 불이지법을 이렇게 보여주었어요. 그러나 불이지법은 근본은 하나이나 지엽까지를 하나라고 하면 되겠어요?. 그런데 세상에서는 막행막식을 무기로 해서 엉뚱하게 가르칩니다. 이때부터 법계法界에 속지 말라고 했는데 이런 말이 먹혀들지 않아요. 그런데 요새 큰스님이라는 자들이 이사무애를 불이지법이라 하는데 참으로 한심합니다."

보는 놈[見體]

본심이란 말을 대중이 쉽게 알아들을 수 있도록 선사는 '보는 놈'이란 표현을 자주 사용하셨다. 누구나 눈을 갖고 사물을 본다. 그러나 눈만 갖고 보는 것은 아니고 보겠다는 마음을 일으켜야 비로소 안식眼識이 눈[眼根]을 통해서 보는 것이다. 이렇게 보겠다는 마음을 내는 것이 바로 나의 주인이며 '보는 놈[本心]'이다. 그래서 이 보는 놈을 견체見體라 하고, 보는 대상을 견처(見處, 눈길이 닿는 곳)라 구분하여 쓰고 있다.

부처님께서 『능엄경』을 설할 때도 '보는 자[見]'를 사용하셨다. 겸우 선사는 견체는 쪼갤 수 없고 어떤 모양으로도 나누어 볼 수 없다고 거듭거듭 강조하곤 하셨다. '리'자와 '사'자의 일화를 소개한 것도 '보는 놈'은 쪼개거나 나눌 수 없는 것임을 보여주기 위함이었다. 중생의 고뇌가 모두 나누어 보는 데서 생기기 때문이다. 나누면 분별이 생겨나고 '너와 나'로 갈라져 평등성을 잃어버리기 때문이라는 것이다.

여의고 보는 놈과 법상法相

'여의다'라는 말은 잃어버린다, 헤어진다, 멀리 떠난다[離]는 말이다. 선사는 '멀리 떠나다' '벗어나다'라는 뜻으로 사용하고 있다. 『금강경』 사구게에 나오는 '비상非相'을 '이상離相'으로 해야 한다고 강조하셨다. 이 말은 상(相, 見處)을 벗어나서 보아야 한다는 것이다. 본심이 대하는 경계인 견처에 매달리지 말고 '보는 놈[見體]'에 머물라는 말이다. 산을 바로 보려면 산을 벗어나서 산을 바라보는 '나'를 보라는 것과 같다. 그리고 그 보는 '나'는 빛을 여의고 암흑 속에서도 보는 것이라 하였다.

잠시 본다는 이 말을 새겨보기로 하겠다. 보는 데는 3가지 조건이 필요하다. 첫째가 물체(색), 둘째가 빛, 셋째가 보는 자(눈)이다.

글을 쓸 때는 흰 종이 위에 검은 잉크로 쓴다. 글자를 읽을 수 있는 것은 흰색과 검은색이 빛을 반사하는 정도가 서로 다르기 때문이다. 안구에 있는 시각신경 세포는 바로 이 반사광의 차이를 인지認知하는 것이다. 이것은 흰 종이와 검은색 글자를 따로따로 보지 않고 동시에 보는 데서 나타나는 결과[視相;visual image]이다.

그런데 이 글씨를 보고 나서 눈을 감고 있으면 마음속의 영상을 볼 수가 있다. 눈을 감았으니 보는 것의 3가지 조건 중에서 눈과 빛, 2가지를 여의고 보는 것이다. 선사는 이것을 "생각으로 보는 것"이라고 했다. 이렇게 생각으로 보는 것을 법상法相이라고 하는데 대표적인 것이 꿈이라고 했다. 따라서 법상은 보는 것의 세 가지 조건 중에서 '보는 놈(견체)'이 보는 것이다.

꽃 한 송이를 보고 "이것이 꽃이다"라고 인식하고 판단을 내리게 되는 과정도 여러 단계를 거친다. 이들 과정 하나하나는 정보 흐름의 패턴[相]이지 꽃은 아니다. 그뿐인가. 꽃이라고 인식하는

단계까지도 완성된 것은 아니다. 꽃에 이름이 붙여지고 의미가 더해진다. 과연 그 꽃 자체는 그런 이름과 의미와의 관계에 관심을 가질까? 인간이 공연히 만든 법의 모양일 뿐이다. 꽃을 보는 우리의 본심 역시 인식의 과정, 상의 존재, 상의 명칭이나 의미와는 전혀 관계가 없다.

나누어 보지 말라

꿈에서는 모든 것을 생시처럼 보고 듣는다. 꿈속에서는 무엇이 무엇을 보는 것일까? 생각해볼 만하다. 꿈을 설명하자면 세친 보살의 유식론唯識論을 인용하는 것이 편리하다. 유식론은 세상이 오직 식識으로 되어 있다고 보는 것으로 세친 보살(Vasubandhu, AD 400년경)이 마음을 5식, 6식, 7식, 8식으로 나누어 놓은 것이다.

 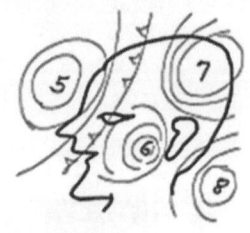

기상도와 마음의 지도(오른쪽).

모양 없는 것을 못 보는 중생들에게 모양 없는 본심을 설명하여 보여주자니 여러 단계로 마음을 나누어 이름을 붙여 모양새를 갖게 한 것 같다.

마음을 가끔 허공에 비유하는데, 허공은 나눌 수가 없다. 그러나 압력을 재는 기압계를 만들고 이곳저곳에서 압력을 재보니 텅 빈 허공이 무게의 차(기압의 차이)를 보였다. 이 기압의 차이가 크냐 또는 작으냐에 따라서 고기압과 저기압으로 나눌 수 있게 되었다. 이렇게 나누어진 것에 북태평양 고기압, 남해의 저기압 등으로 이름을 붙이면서 날씨를 예보하는 기상도를 그리기 시작하였다. 이런 기상도를 TV화면으로 시청자들에게 보여주면서 비가 올 것인지 맑을 것인지를 알려주고 있다. 기상예보를 자꾸 보다 보면 마치 허공도 땅덩이처럼 경계선이 있는 지도처럼 느껴진다.

그런데 기상도가 수시로 바뀌는 것을 보면 하늘에 그려진 지도가 얼마나 무상한 것인가를 알아차릴 수 있다. 그런가 하면 서울의 날씨가 머나먼 남태평양과 대서양 그리고 남아프리카 밀림의 기압 배치와 관계가 있음도 알게 된다.

그리하여 오늘 이곳의 날씨를 세계의 기상과 나누어볼 수 없고 시간적으로 과거의 기상과도 나눌 수 없음을 깨닫게 되었다. 저 먼 하늘의 태양과 달의 활동이, 바닷물의 온도와 흐름, 숲속의 생태계, 심지어 땅 속의 미생물의 호흡량과 모두 관계가 있어서 결국은 우리 모두가 나누어볼 수 없는 하나 속에 존재함을 깨닫게 되었다. 세계가 하나의 꽃과 같다는 겸우 선사의 '세계일화'를 이해할 수 있을 것이다. 세상을 자꾸자꾸 나누거나 파고들면 종국에는 나눌 수 없는 하나임을 알게 된다.

꽃은 아름답다

꽃 한 송이를 본다고 하자. 오근(五根, 오감) 중의 하나인 눈을

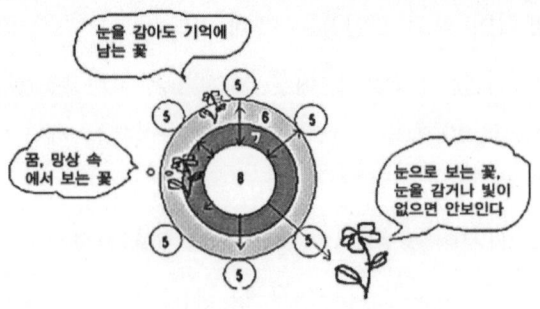

유식론을 표현한 그림. 숫자는 5식, 6식, 7식, 8식을 뜻하고
화살표는 의식의 흐름 방향을 나타낸 것이다.

통해 빛이 들어온다. 그런데 여기에는 반드시 보겠다는 마음이 생겨야 보이는 것이다. 이 과정을 의식의 흐름(화살표)으로 그려보자. 식의 흐름은 5식으로부터 시작하여 6식과 7식을 거쳐 8식까지 이어진다. 꽃을 보는 행동은 꽃을 보겠다는 한 생각이 8식에서 생겨→ 7식→ 6식 → 5식을 통해서 꽃에 이른다.

이렇게 꽃에 도착한 의식은 방향을 바꿔 5식→ 6식→ 7식에 이르러 내가 꽃을 보았다는 생각을 갖게 된다. 7식은 '이것이 강아지가 아니고 꽃이다,' '이 꽃은 아름답구나,' '기분이 좋으니 누구에게 주면 좋겠다!'는 등의 여러 가지 마음을 일으킨다.

그런데 6식부터는 빛이 없는 식의 세계(마음, 생각)에서 보는 일이 벌어지는데 식(생각)이 식(생각)을 보는 것이다. 그렇다면 이들 마음(식)의 세계에서 보는 것은 모두 실물(상)을 여의고 보는 것이다.

8식을 중앙에 두고 그밖에 7식, 6식, 5식이 둘러싼 모양새로 그려보자. 본다는 것은 8식으로부터 의식이 밖을 향하는 것이다. 그리고 보았다는 것은 원 밖에서 원 안으로 향하는 의식의 흐름이다. 따라서 8식의 입장에서는 5, 6, 7식들은 인식의 대상인 경계이며 견처이다. 사물의 모양[相]이나 그것을 보고 일어나는 생각[想]은 6식이나 7식에 있을 뿐이다. 의식 흐름의 전체를 관할하나 8식에는 어떤 정보도 없다. 이는 마치 영화 속의 영상들은 스크린에 가득 차지만 빛을 보내는 영사기의 전구에는 아무런 영상도 없는 것과 같다.

인지과학과 수상행식受想行識

생물들이 어떻게 사물을 보고, 듣고, 냄새 맡고, 맛을 보고, 촉감으로 느끼고, 행동하는지에 관하여 많은 연구가 이루어지고

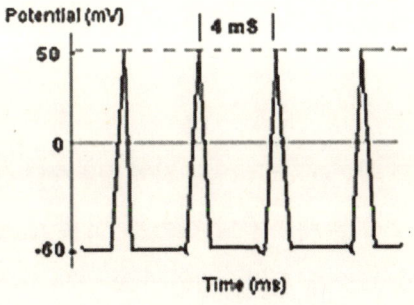

신경세포에서 만들어내는 신호.

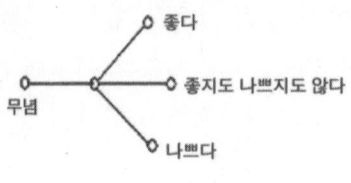
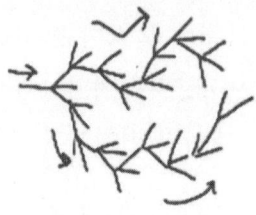

최초의 한 생각.   거듭되는 생각의 가지치기.

있다. 곤충들은 냄새, 소리, 빛, 촉감 등을 감지하여 먹이를 잡고 암수를 인지하여 살아간다. 인지과학cognitive science으로 보면 사람과 곤충이 크게 다를 것이 없고 사람의 경우는 복잡하고 세밀할 뿐이다. 생물의 감각기관(눈, 귀, 코, 입, 피부)은 신경세포를 갖고 있어 사물을 감지한다. 이 신경세포는 자극을 받으면 바늘 모양의 뾰족뾰족한 전기적 신호pulse를 만들어낸다.

이 신호는 1/1000초에 한 번씩 생겼다 사라진다(부처님은 중생들의 마음이 일 찰나에 900번 생멸한다고 했다). 이 신호는 신경망을 타고 100m/s의 속도로 흐르는데 야구 투수가 던지는 공의 속도만큼이나 빠르다. 우리가 무엇을 인식하고 행동하는 것은 펄스로 이루어진 신호열차pulse train가 수없이 많이 흐르는 현상이라고 볼 수 있다.

예를 들어 지금 딸기를 먹는다고 하자. 딸기를 씹어 삼키는 순간부터 딸기의 모습은 사라지고 딸기를 먹을 때 생겨난 신호열차만이 신경망에 흐르게 된다. 이러한 인지과정을 유식론에 적용해 보면 5식이 감지하고 6식에서 분류하여 7식에서 분별심을 내어 딸기 맛이 좋은지 나쁜지를 판단하는 것이다. 맛있다는 판단이 나면 더 먹고, 맛없다는 생각에 이르면 그만 먹는 것이다.

한 생각 일으킬 때마다 '좋다' '나쁘다' '나쁘지도 좋지도 않다'는 3방향의 생각이 가지치기를 하며 그중 하나를 택하여 흐른다. 흐름의 자취는 복잡한 나뭇가지 모양이 될 수도 있고 얽히고설킨 덩굴 모양이 될 수도 있다.

생각의 그물망

감각기관을 총동원했을 때 생각의 가지들은 둥근 공 모양이 되어 마치 민들레꽃이나 밤송이처럼 모양새를 갖출 것이다.

이 얽히고설킨 수없이 많은 생각들은 본래 한 생각도 없는 '일념불기처[無念]'에서 비롯된 것이다. 수행이란 생각의 숲(번뇌)을 멀리 여의고 초발심初發心의 무념으로 되돌아가는 것이다. 무념의 자리는 아무런 생각의 흔적도 없으니 있다고 할 만한 것이 없다. 176쪽의 그림 중앙에 빈 공간을 마련하여 놓은 것 역시 텅 빈 본심자리를 나타낸다. 지금 '의식의 가지'를 가지고 딸기를 보고 냄새 맡고, 맛을 보는 과정을 표현하기로 하자.

눈으로 보는 딸기는 '색이 빨갛고 맛은 새콤달콤하다. 그리고 냄새는 향기롭다'라는 생각을 일으키면서 의식 속에 신호의 자국(그림에서 굵은 선)을 남긴다. 그 자국[相]을 보고 그것을 딸기라

| 눈이 보는 딸기 | 눈을 여의고 보는 딸기 | 마음 |

7식의 마음에서 본 딸기의 상.

고 하는 것이다. 즉 눈과 광명이 없는 의식 속에서는 딸기라는 실상實相을 보는 것이 아니라 의식이 만든 상(相, image, signal pattern)을 보는 것이다. 이것을 법상法相이라고 비유할 수 있다. 따라서 생각으로 보는 것, 꿈에서 보는 것은 모두 법상이다.

상相을 보는 자

상[境界]이라는 것은 보는 자기(나, 我)가 있을 때 있는 것이다. 나라는 것도 하나의 생각[我相]이다. 그렇다면 아상은 의식의 그물망 속에 존재하는 법상法相에 불과하다. '나[我相]'가 7식에 있다고 가정해보면 정해진 곳에 있지 않고 늘 바뀐다. 보는 자의 위치가 바뀌면 보는 대상의 모양도 바뀐다. 우리는 이런 현상을 '보는 관점에 따라 달리 보인다'고 한다. 이것이 중생견衆生

見이다.

　진짜의 나는 본심(8식)에서 보면 법상도 아상도 경계에 불과한 환상image이다. 이것들을 보는 자가 있는데 그것이 8식(본심)이다. 무념의 8식은 항상 같은 자리에 있다. 따라서 항상 같은 자리에서 보니 실상을 보게 된다. 본심은 상相을 보고 있을 뿐이지 그 속에는 어떤 상도 존재하지 않는다. 없기 때문에 없는 것도 보고 있는 것도 보는 것이다. 계약서에는 반드시 서명을 하는 난이 있다. 계약을 하려면 서명 난이 비어 있어야 한다. 그래야만 계약을 하거나 하지 않을 수 있는 것이다.

　겸우 선사는 화두가 견성에 도움이 안 된다고 하셨다. 화두를 달라고 하는 수자들에게 "화두에 매달려 갖고야 언제 견성하겠는가?"라고 반문하시곤 했다.

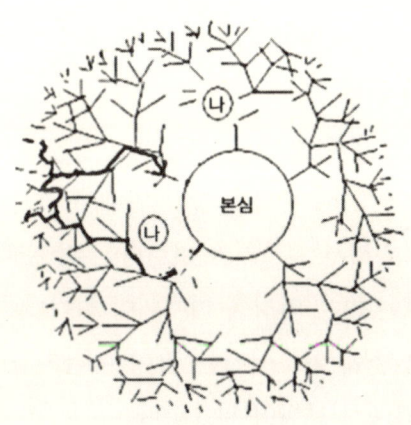

동그라미 속에 표시된 '나'는 그 위치가 바뀐다.

화두를 들고 관하는 것은 관하는 대상이 있는데 이 대상 역시 상相이다. 가짜인 '나'도 버려야 할 것인데 화두라는 또 하나의 상을 만들어 그것에 집착하면 되겠느냐는 것이다. 그리고 의정(의심)을 자꾸 일으키면 그것이 망상이지 망상이 어디 따로 있느냐는 것이다.

불생불멸의 본심

겸우 선사는 불교와 수행의 목적을 다음과 같이 요약하였다.
– 불교의 대의는 모든 인간이 다 같이 영원히 죽지 않고 사는 것이다. 인간의 본래면목을 찾아주려는 것이며 본래면목은 각자의 본심이다.
– 본심은 부처님의 마음과 같기 때문에 본심을 보면 견성이며 이 본심에는 생멸이 없다.
– 본심자리를 얻기 위해서 출가도 하고 불자도 되는 것이다. 인간으로 태어난 것도 이 본심을 찾기 위해서이다.
– 본심을 찾기 위해서는 자기를 버린다는 각오로 노력을 해야 하며 수행에 따르는 많은 역경을 이겨내야 한다.
– 깨달음은 한 번에 이루어지는 것이 아니며 거듭거듭 여러 번 이루어진다. 그래서 보림이 필요하다.
우리 인간은 육신을 갖고 태양계 중 지구라는 제한된 공간에

일정 기간 살게끔 태어난 생명체이다. 인간이 사는 데 필요한 에너지는 태양에너지에 의존하고 있고 태양은 주기적으로 계절과 밤낮이 바뀌며 지구상에 사인 파sine wave와 같은 에너지 파형을 공급한다. 지구상의 모든 생명체도 끊임없이 태어남과 죽음을 반복하며 파波를 만들고 있다.

생물학은 생명체의 생과 사의 주기life cycle를 잘 밝혀 놓았다. 예를 들면 식물체는 종자에서 싹이 터서 성장하고 시들어 죽고 다시 종자로 돌아가며 생멸한다. 생명체는 죽음인 멸을 고통으로 받아들이고 있어 고해중생의 고를 벗어나려고 애를 쓰고 있으나 벗어날 길이 없다.

그런데 『반야심경』은 생멸이 없는 세계를 보여주고 있는데 과연 우리가 시간과 공간이 제한된 태양계를 벗어나지 않고도 생멸이 없는 해탈의 경지에 이를 수 있는가? 라는 의문을 갖게 된다. 그러나 그것은 각자의 마음속에 감춰져 있는 본심을 찾으면 된다는 것이다. 왜냐하면 본심은 시간과 공간에 구애받지 않는 불생불멸의 존재이기 때문이다.

본심을 찾는 방법이 수행인데 수행에는 많은 역경이 따른다. 역경은 마치 강물을 거슬러 올라가는 것과 같다. 그럼에도 역경을 이겨내야 한다.

무차원인 마음의 세계를 시간과 공간이라는 2차원의 그림으로 표현할 수 있는 성질은 아니지만 굳이 그래프로 표현해보았다.

'마음의 세계' 그림에서 왼쪽 밑에 표시한 파형은 중생의 삶이다. 생멸경계선을 넘나들며 태어나고 죽는 것이 반복되는 파를

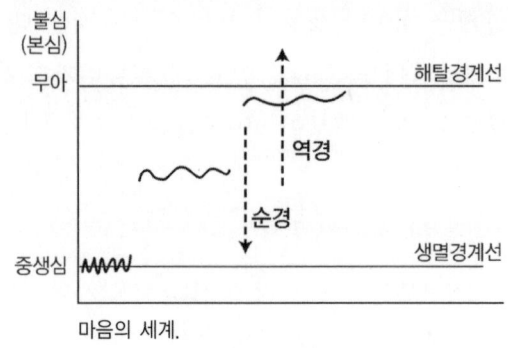

마음의 세계.

이룬다. 그러나 수행정진을 하면 흐르는 강물에 떠내려가지 않고 상류로 이동하면서 역경을 이겨내는 자신을 발견하게 되고 앞에 가로놓인 둑도 넘어 성취감의 법열(기쁨)을 맛보게 된다. 이 단계는 상류에 도달할 수 있겠다는 가능성을 알아차렸을 뿐이다. 그러나 '자연의 순리에 따라 살자'라는 습성이 남아있어 중도에 포기하기 쉽다.

  진정한 해탈의 경지에 오르려면 수행을 거듭하여 무아無我에 이르러야 한다. 여기에서 '나'라는 생각을 완전히 여읜 해탈을 성취하게 되며 불생불멸에 이르게 된다. 그림에서 오른쪽 맨 위에 그려진 직선처럼 평평함을 유지하는 본심에 이르게 된다.

  이 본심은 밖에서 구해지는 것이 아니며 시작과 끝을 알 수 없는 무시겁으로부터 자신 속에 본래 갖고 있는 것이다. 이 본심자리는 부처님의 마음과 같아 모든 생멸을 여의었으므로 여여如如하고 텅 비어 적적하다. 텅 빈 본심은 한 생각 일으키면 만물을 만들어내는 엄청난 힘의 원천이다. 마치 높은 곳의 조용한 물이 떨어져 내리면 엄청난 힘으로 물레방아를 돌려 60Hz의 교류 전기를 만들어내듯 말이다. 그리고 이 60Hz의 전기는 주파수를 바꿔서 음성파, 영상파 등 온갖 전자파를 만들어낼 수 있다.

겸우 선사는 자신의 한 생각을 만들어내는 텅 빈 곳, '일념불기처'를 발견하고는 중생들에게 그 자리를 보여주고 중생들이 모두 찾도록 했다. 그의 노력은 대중 속에 있지 않고 일생동안 철저한 독거정진으로 일관했다는 데 독특한 점이 있다.

겸우 선사의 특이한 수행의 모습은 본심을 찾는 것은 내 마음 속에서 내가 찾는 것이지 나 이외의 어떠한 존재가 아님을 보여준 것이라고 본다. 그리고 그가 찾은 본심은 시공을 삼켜버린 것이니 때와 장소와는 무관하게 '이심전심以心傳心'의 묘법으로 중생들의 마음에 전해지고 있을 것이다.

| 나가는 글 |

　겸우 선사에게 나를 소개하는 자리에서 정무 스님은 공책과 연필을 주시면서 선사의 말씀을 잘 받아 적으라고 하였다. 나는 선사를 만날 때마다 메모를 하였다. 그러나 선사의 설법 중에 한문 게송을 받아 적는 것이 어려워서 소형 녹음기를 지참하기도 하였다. 선사께서 "왜 녹음을 하느냐" 하시기에 "공부할 목적"이라고 하였더니 묵인을 해주셔서 일부 설법과 대담을 녹취할 수 있었다.
　고승에 대한 이야기나 행적은 의당 제자 스님들의 몫이다. 그러나 선사에게는 한 명의 상좌도 없으니 그가 아무리 훌륭한 법을 깨달았고 말씀을 설했다 해도 그 내용이 세상에 알려지지 않을 것 같았다. 도를 구하기 위해 일생동안 철저히 무소유의 선승으로 살다 가신 스님을 보기도 힘들거니와 그런 분이 토굴 속에서 무슨 생각을 하며 살았는가는 우리가 더더욱 알 리 없다.
　불교는 중생을 깨치고 성불시키는 것이 목적인데 길을 밝혀 놓은 선지식의 가르침이 산속에 그냥 묻혀버리는 것 같은 안타까움이 일었다. 그리고 역대 조사를 향해 거침없이 쏟아내는 비판의 소리를 불교계는 외면하는 것 같았다.

그렇다면 나 같은 세속에 사는 한 불자가 선사의 설법을 있는 대로, 느낀 대로 세상에 소개해보는 것도 한 방법이라고 생각하였다. 나에게 설법을 들려준 선사에 보답하기 위해서라도 말이다. 그래서 저자는 주제넘지만 그의 설법과 삶을 글로 정리하여 출판하기로 마음먹고 펜을 들었다.

3년 전에 원고를 탈고하여 굴지의 불교 출판사와 출판계약을 맺었다. 그러나 그 출판사는 중국의 역대 조사와 한국의 고승들을 비판하는 내용을 그대로는 출판할 수 없다며 계약을 파기하였다. 참으로 아쉬웠다. 그러나 조사나 큰스님을 비판했다고 책이 외면당할 것이 분명한 상황에서 출판사가 몸을 사리는 것도 당연하겠다는 생각이 들었다. 그리고 명예훼손죄로 저자를 고발할 수도 있겠고 봉변을 당할 수도 있을 것 같아 은근히 겁이 나기도 했다.

학자로 한평생 살아온 나로서는 좀 비겁하지만 겸우 선사의 기본 뜻을 전하는 것에 만족하기로 하고 원고를 대폭 손질했다. 비판의 내용을 일일이 담지 않아도 독자들이 알아차릴 것이라고 믿기 때문이다. 서술방식도 저자 자신을 매개로 간접적인 형식을 취하였다.

책을 펴내려니 선사에 대한 많은 정보가 필요하여 도반이었던 몇몇 고승들을 찾아갔다. 법담 내용을 확인도 할 겸 선사에 관한 이런 저런 이야기를 듣고 싶었다. 그러나 법담 내용은 맞는데 그런 뜻이 아니라거나, 겸우 스님은 선승이라기보다 율사라는 분도 있었고, 심지어 한국 불교의 수치라며 출판 자체를 극구 만류하는 분도 있었다.

저자는 10년 전에도 선사의 『금강경』 설법 내용을 글로 옮겨 출판하려고 하였으나 쓸데없는 일 하지 말고 공부나 하라는 선사의 말씀에 중단하였다. 3년 전 선사와의 이별이 멀지 않은 것 같아 선사 생전에 출판하고자 다시 한 번 시도하였다. 겸우 선사의 허락을 받으려고 원고를 가제본하여 선사가 잠시 머무셨던 합천 용문사를 찾았다. 그러나 아쉽게도 내가 도착하기 1시간 전에 의식을 잃고 말았다. 설법하는 모습마저 사진에 담는 것을 용납지 않는 선사의 모습을 글로 바꾸어 책으로 펴내려 하니 공연히 상을 만든다고 나를 꾸짖으며 그냥 떠나신 것 같기도 하였다.

저자는 불교의 심오함이 젊은 독자들에게는 너무 딱딱한 데다 한문이 많아 난해하다는 것을 잘 알고 있다. 그래서 젊은이들의 관심을 끌기 위하여 곳곳에 삽화를 그려 넣었다. 그러나 한편으론 삽화가 또 다른 상image을 만들어 경전이나 선사의 진실한 뜻을 잘못 전해지게 하지 않을까 염려되기도 한다. 마찬가지로 선사의 말씀에 해설을 붙일 성질이 아님을 모르는 바는 아니나 다소 이해에 도움이 되었으면 하여 몇 군데 해설을 넣었다. 이는 학자로 강단에 섰던 저자의 직업적 습 때문이니 진실한 뜻을 접한 후엔 무시해도 좋을 것이다. 선사의 행장은 정무, 세법, 공관 스님 들과 제주도 선덕행, 영주의 삼성한의원 가족, 정재방, 순

일심 등 여러 인연이 있었던 분들의 구술을 토대로 정리하였으나 행장에 나타난 연대 등은 정확하다고 할 수는 없다.

『보는 놈을 봐라』는 아쉽게도 절판되었다. 찾는 분들이 많아 일부를 수정하여 재출간하게 되었다. 수정된 부분은 저자가 겸우 선사를 만나게 된 인연에 대한 것이다. 이 부분은 선사의 금강경 설법을 실은 『부처되는 공식』에 자세히 소개되어 있다.

| 부록 |

摩訶般若波羅蜜多心經
마 하 반 야 바 라 밀 다 심 경

觀自在菩薩 行深般若波羅蜜多時 照見 五
관자재보살 행심반야바라밀다시 조견 오

蘊皆空 度一切苦厄 舍利子 色不異空 空
온개공 도일체고액 사리자 색불이공 공

不異色 色即是空 空即是色 受想行識 亦
불이색 색즉시공 공즉시색 수상행식 역

復如是 舍利子 是諸法空相 不生不滅
부여시 사리자 시제법공상 불생불멸

不垢不淨 不增不減 是故 空中無色 無受
불구부정 부증불감 시고 공중무색 무수

想行識 無眼耳鼻舌身意 無色聲香味觸法
상행식 무안이비설신의 무색성향미촉법

無眼界 乃至 無意識界 無無明 亦無無明
무안계 내지 무의식계 무무명 역무무명

盡 乃至 無老死 亦無老死盡 無苦集滅道
진 내지 무노사 역무노사진 무고집멸도

無智亦無得 以無所得故 菩提薩埵 依般
무지역무득 이무소득고 보리살타 의반

若波羅蜜多故 心無罣礙 無罣礙故 無
야바라밀다고 심무가애 무가애고 무

有恐怖 遠離顛倒夢想 究竟涅槃 三世
유공포 원리전도몽상 구경열반 삼세

諸佛 依般若波羅蜜多 故得阿耨多羅三藐
제불 의반야바라밀다 고득아뇩다라삼먁

三菩提 故知 般若波羅蜜多 是大神呪 是
삼보리 고지 반야바라밀다 시대신주 시

大明呪 是無上呪 是無等等呪 能除一切苦
대명주 시무상주 시무등등주 능제일체고

眞實不虛 故說般若波羅蜜多呪 卽說呪曰
진실불허 고설반야바라밀다주 즉설주왈

揭諦揭諦 波羅揭諦 波羅僧揭諦 菩提娑婆
아제아제 바라아제 바라승아제 모지사바

訶 (3회)
하

마하반야바라밀다심경

관세음보살이 큰 지혜의 행으로 다섯 개의 덩어리로 이루어진 나의 몸을 살펴보니, 보는 본심에는 아무것도 없는 고로 모든 괴로움과 재앙으로부터 벗어나도다. 사리자여, 색을 보고 공을 보나, 공을 보고 색을 보나 보는 본심은 항상 같은 것이다. 보고 듣는 것, 생각하고 행하고 알음알이 일으키는 것, 역시 같은 본심이 하는 것이다. 사리자여, 모든 것을 여읜 본심을 보면 생겨나고 없어지는 것, 깨끗함과 더러움, 늘고 주는 것이 없다. 그런고로 텅 빈 본심에는 아무것도 없으니 대상을 접하여 느끼고 생각하고 알음알이를 일으킴도 없다. 본심에는 눈, 귀, 코, 혀, 몸통, 뜻도 없고 형상, 소리, 냄새, 맛, 촉감도 없고, 이것들이 만들어내는 법도 없다. 눈으로 보아 벌어지는 모든 세계를 위시해서 뜻으로 이루어지는 모든 세계도 본심에는 없다. 본심에는 밝고 어둡다거나, 밝고 어둠이 다했다는 따위도 없다. 아무것도 없는 본심에 어찌 태어나고 늙고 죽음이 있을 것이며 이것들의 다함이 있겠는가. 고통도 없고, 고통의 원인, 고통의 없앰과 고통 없애는 길도 없고 지혜를 구할 것도 없다. 이같이 구할 것이 없으므로 보살은 반야바라밀다에 의지하여 사니 마음에 걸림이 없고 걸림이 없으므로 공포로부터 벗어나며 헛된 망상에서 벗어나 마침내 일체를 완전히 여읜 열반에 이른다. 과거 현재 미래의 모든 부처님들도 반야바라밀다를 의지하여 아뇩다라삼먁삼보리를 얻었도다. 그러므로 반야바라밀은 신비한 주문이며, 가장 밝은 주문이며, 가장 높은 주문이며, 무엇에도 견줄 수 없는 주문이니, 온갖 괴로움을 없애주는 거짓 없는 진실한 주문이다.
가자. 가자. 텅 빈 저 여여한 자리. 한 생각도 일으키지 않는 본심으로 돌아가자.

풀이 겸우 선사　　정리 전재근　　서예 진영근